JN001734

「仕事ができる人」に変わる

差がつくビジネスマインド

佐藤堅一
SATO KENICHI

幻冬舎MC

「仕事ができる人」に変わる
差がつくビジネスマインド

はじめに

どの職場にも、仕事ができる人とそうでない人がいます。同期入社でスタートラインは同じだったはずなのに、数年もしないうちにどんどん差がつき、最初は対抗心を燃やして頑張っていた人たちもいつかその差に慣れ、受け入れてしまう……。

しかし、その差は絶対に埋められないものでも、覆せないものでもありません。

もちろん「できる人」には豊富な知識や行動力、コミュニケーション力の高さなどが備わっていることが多く、今から努力しても追いつけないと感じられるような差は現実にあり得ます。しかし自分のほうが知識やスキルは優れているのに、周りに先を越されてしまった経験をもつ人も少なくないはずです。つまり、仕事ができる、できないの差を生み出しているのは決して知識やスキルそのものではないのです。

そもそも仕事とは、誰かが抱えている問題を解決に導き、対価としてお金をもらうものです。そう考えれば、仕事において最も重要なのは目の前の相手が抱えている問題に意識を向け、解決に導こうとするマインドであるといえます。これに結びつけられなければどんな知識もスキルも役に立ちません。逆にこのマインドさえあれば自分の働きぶりは周囲に認められ評価を得ることができます。

こうした利他の心をもって他者の困り事（＝課題）を誰よりも早く見つけ、解決しようとする姿勢こそが「ビジネスマインド」の定義だと私は考えています。そしてこのビジネスマインドは意識を切り替え行動していくことで備えられるものであり、誰もが「仕事ができる人」に変われるカギなのです。

私は現在、ＩＴ技術を駆使した写真販売のプラットフォームサービスを提供する会社を経営しています。もともとは自衛官として8年間陸上自衛隊に在籍していたのですが、趣味だった写真で人々から感謝される仕事がしたいと思い、２００６年にカメラマンとして独立しました。２００８年に今の会社を創業した当初は鳴かず飛ばずのいつ倒産してもおかしくない状態でしたが、保育園・幼稚園および保護者向けの写真販売事業を始めてからは売上が右肩上がりで伸び続け、サービスの利用者は３００万人を超えています。

成長の転機となったのは、まさに私自身がビジネスマインドの大切さに気づいたときでした。以前はカメラマンとして保育園などを巡り、写真を撮ることだけを仕事にしていたのですが、保育園の園長先生が保護者向けに写真を販売する段階で課題を抱えているのを知り、その解決を買って出たのが始まりです。私はオンラインで写真を閲覧、注文、決済できるプラットフォームをつくり、それを事業に結びつけていきました。

もし、私が園長先生に「へぇ、大変ですね。ではまた写真が必要なときはお願いします」と言って去っていたら、私の会社は今頃もうつぶれていたと思います。相手の悩みを自分事としてとらえ、なんとかしてあげたいという気持ちで解決を目指した結果、自分自身を救うことにもなったのです。

これは広くビジネスにおいて、同じように考えることができます。社会は困り事を解決してくれる人を必要としていますし、会社は顧客の課題解決が利益になるため、その力をもつ社員を求めるからです。そこで自分の価値を高め、成果を上げていくためには、日々の仕事のなかで周辺に目を向け、そこに課題を発見し、解決する力を磨くことが大切です。

もし、自分にはそんなことはできないと思ってしまう人がいるなら、そんな人にこそ伝えたいことがあります。取り柄がない人はいません。弱点はすべて強みに言い換えられます。今の自分にできること、自分にしかできないことを見つけ、それを相手のために役立てようという気持ちさえあれば、必ずビジネスパーソンとして成長することができるのです。

本書では、私の経験、私が新入社員に伝えていること、講演や新卒説明会などで若手に伝えていることを踏まえて、ビジネスマインドを身につける重要性と、そのために必要な考え方やノウハウを余すところなく語っています。また、見つけた課題を深掘りするための勉強法、行動の指針、アイデアをもらえる人脈づくりなど、課題解決力を高める方法も解説しています。

利他の心をもち、困り事を解決して誰かのために役立てる人こそが、企業が求める本当の「仕事ができる人」なのです。その思考を磨いていくために、本書が役に立つことを祈っています。

目次

第1章

仕事ができる人とできない人の差はビジネスマインドにある

第2章

仕事で価値を生むために、まずは自分の価値を知る

第3章

「仕事ができる人」とは、誰よりも早く課題を発見し、誰よりも早く解決できる人

第4章

自社や顧客の課題を発見し、すばやく解決するために必要な6つのスキル

第5章

課題発見力と課題解決力を磨き、理想のキャリアアップを実現する

第1章

仕事ができる人とできない人の差はビジネスマインドにある

困り事がビジネスチャンスになる

「仕事ができる人になるにはどうすればいいですか？」

起業して15年、私は社員や入社希望の学生たちから質問されることが多くなりました。社会人である以上、仕事ができる人になりたいと思うのは当然のことと思います。ではできる、できないの差はいったいどこから生まれるのか――それはビジネスマインドをもてるかどうかに掛かっています。

優秀なビジネスパーソンに必要な3要素はスキル（技術）、ナレッジ（知識）、マインド（姿勢・価値観）だとされますが、なかでも特に大切なのがビジネスマインドです。ビジネスマインドとは広い意味で、仕事に対する姿勢や考え方を指しますが、私なりに定義すると相手の困り事に気づき、それを解決することで事業を展開する意識こそビジネスマインドの本質だと考えています。誤解のないようにいいますが、それは単にお金儲けということではなく、感謝の心をいただけるということです。困り事を解決したことで相手が示してくれる感謝こそが、ビジネスとして得られる大きな対価なのです。

私は現在、ＩＴ技術を駆使した写真販売のプラットフォーム事業の会社を経営しています。自衛官として陸上自衛隊に勤務していたなかで、趣味だった写真撮影で人から感謝される仕事がしたいという思いを抱き、２００６年にカメラマンとして独立しました。そして保育園や保護者に向けた写真販売のプラットフォーム事業を始めて以降、売上が右肩上がりで伸び続け、現在ではサービスの登録団体は６５００を超えています。

私がここまで会社を成長させてこられたのも、ビジネスマインドに気づいたことが大きな契機となっています。当時、私は保育園や幼稚園などで運動会などのイベントの撮影をするカメラマンであり、またそれらの園にカメラマンを派遣する仕事もしていました。

通常、園でカメラマンや保育士の先生たちが撮影した写真などは、写真店でプリントしたあと、園内に貼り出し、保護者からの注文に応じて焼き増しして販売するという、壁貼り展示という形でした。しかしこれは大変な労力が掛かる仕事で、園長先生から「手間が掛かって大変だからなんとかならないものか」と相談を受けたとき、私はこの困り事を解決できれば事業になると直感しました。

そこで私は壁貼り展示のデジタル化を思いつき、細かなブラッシュアップを重ね、会社の主軸となる写真販売のプラットフォーム事業を生み出すことができたのです。私の考え出したサービスは、システム自体はとてもシンプルなものでした。

まず園の先生や園で開催されるイベントなどを撮影したカメラマンが、写真のデータをプラットフォームにアップロードします。保護者はオンライン上で写真を確認し、購入したい写真を選び、注文します。注文内容は私たちが管理して、注文内容に応じて写真をプリントし、封入して発送する仕組みです。

サービス開始当初はイベント撮影でつながりがあった園で導入されるだけでしたが、その後、ＩＴサービスとスマートフォンが普及し、誰もがインターネットに接続できるようになると近隣の県にも広がっていきました。現在では今後の展開として海外進出も見据えています。

最も重要なのは大変だという園長先生の声を事業化のチャンスととらえたことです。園長先生の嘆きを聞いたのは私だけではありません。しかし当時は、私のほかに誰一人として壁貼り展示をオンライン化、デジタル化した人はいませんでした。同じ課題を抱えた幼稚園や保育園が全国にたくさんあるなかで、壁貼り展示の大変さを解消しようと考えた人も、大変さが事業化のタネであると認識する人もいなかったのです。

私が事業化に結びつけられたのは常日頃からどこかに困っている人はいないか、と意識していたからです。だから大変の一言の裏に課題があり、事業化につながるチャンスがあると敏感に反応できたのです。この意識こそが、仕事に必要なビジネスマインドなのです。

すぐに結果が出ないとき、待つ選択ができる判断力をもつ

多くの人は困難に直面するとすぐに諦め、一度でも失敗したらそこで立ち止まったり、投げ出してしまうものです。そして自分を納得させるための言い訳ばかり考えるようになります。しかしそれではなに一つ成し遂げることはできません。

私が２００９年から開始した写真販売のプラットフォームサービスは、事業として軌道に乗るまでには5年ほど掛かりました。すぐに広がらなかった理由は、当時はまだガラケーが主流で、ネットの回線も遅く、１枚の写真を表示するのに5秒程度も時間が掛かっ

ていたこともあり、プラットフォームサービスの普及が進んでいなかったためです。

壁貼り展示をプラットフォームに切り替えると、スマートフォンをもっている人や自宅にパソコンがある人にとっては便利になります。しかしそうでない人は注文できなくなり、園としてもこういった不平等は望ましくないとして、保護者全員とまではいかないまでも、大多数の人がオンラインで注文できる環境が整うまでは導入できないと判断するところが多かったのです。

また、個人情報である園児の写真をインターネット上で扱うことへの警戒心もありました。システム上はセキュリティが掛かっているため部外者が注文サイトやサイト上の写真を見ることはできません。しかし当時はまだその分野のリテラシーも高くなかったため、ネットは危ない、何かあったら大変、といった先入観と警戒心によって導入を見送る園が数多くありました。

その後、スマートフォンが一気に普及し、同時にネットリテラシーも高まったことによって導入が加速度的に広がりました。こういった世の中全体のテクノロジーとリテラシーが追いつくまでの期間を耐えることができたのは、やはりビジネスマインドがあったからだと思います。

壁貼り展示が課題だらけの販売方法であると理解していたこと、また、課題解決のために考え出したプラットフォームサービスが事業の視点で見て価値があると理解できていたからこそ、私はこの期間を納得して過ごすことができました。なにより現場の先生たちからの「ありがとう」という感謝の声が、私にとっては事業の利益以上に大きな見返りだったのです。

何かを成し遂げようと思ったら、次の3つを意識することがビジネスだけではなく、人生全般においても大切です。

・失敗から逃げないこと
・簡単に諦めないこと
・何度失敗しても挑戦すること

もし、すぐに結果が出なかったとしても、諦めずに何度でも挑戦し続けてこそ人生の醍醐味といえます。

「これが天職」とは思い込まずに広い視野をもつ

カメラマンはシャッターを押し、ファインダー内で意図した写真を撮ることを仕事のやりがいに感じています。当時の私もカメラが好きで、写真を撮ることも楽しく、天職とまではいわないまでも、私に合う仕事だと思っていました。しかし、いつしかただシャッターを押すことよりも、撮影して感謝の言葉をもらうことのほうが重要になっていました。

そもそも天職というのは、その人の才能を十分に発揮して、本人も周囲もともに良い結果を得ることができる、そういう仕事のことだと思います。自分一人のためでなく、世の中に貢献できてこそ、大きな価値となるのです。

私のなかで育ちつつあったビジネスマインドが、そのことに気づかせてくれました。そしてただ写真を撮るだけでなく、私の行動によって社会に貢献できる、そんな仕事を始めようと考えたのです。

どんな仕事でも社会の一部を担っている限り、必ず社会の役に立っているはずなのです。今携わっている仕事を否定するのではなく、その仕事でどう社会貢献ができるかを考えてみる必要があります。仕事を通じてどう社会に貢献できるだろうか、と自問するのはできるだけ早いほうがよいのです。

それは現在だけのことではありません。誰もが永遠に生き続けることはできません。しかしあなたがもたらした貢献は未来まで永遠に生き続けるのです。

大きく視野を広げ、自分だけの成功という小さな得ではなく、社会全体を幸福にすることや大きな徳に向かって努力をするためにも、ビジネスマインドをもち続けることが必要なのです。

利他的な視点をもたなければ課題は見つからない

社会への貢献、といきなりいわれても、話が大き過ぎて実感しにくいかもしれません。しかしそれは日常生活のなかでほんの少し意識を変えるだけで、実現へのヒントを得ることができるはずです。

私の場合は、写真販売のプラットフォームサービスを自分のためだけに普及させたいという利己的な発想ではなかったことが、ビジネスが成長した大きな要因だと思っています。逆にこのサービスで大勢の人に喜んでもらいたい、周囲の人にこそ楽になってもらいたいといった利他的な意識をもてたことが重要でした。こういった自分よりもほかの人に幸せになってほしいという視点をもつことが、ビジネスマインドを磨いていくための重要なポイントだと思います。

利己的、利他的というとずいぶん難しい言葉のように思われるかもしれませんが、簡単にいうと、自分のために生きるか、他人のためを思って生きるか、ということになります。そもそも自分よりもほかの人のためにという利他的な視点で誰かの役に立とうという気持ちがなければ課題は見つからないはずです。

もともと私が自衛隊を志したのも１９９５年の阪神・淡路大震災がきっかけでした。テレビで見た被災地の自衛隊員の活躍に感化され、自分も誰かの困り事を解決できる仕事をしたいと考えるようになったのです。そして自衛隊員として活動するなかで、そうした利他の意識がいっそう強くなりました。

その延長線上に写真販売のプラットフォームサービスがあり、多くの人に感謝されている現在があるのです。サービスを導入した園の先生たちから感謝されるたびに、私は起業してよかったと実感することができています。

仕事によって達成感や幸福感を得るためには、自身の努力が誰かの役に立ち、「ありがとう」を実感できるかどうかが重要です。

ワン・フォー・オール、オール・フォー・ワン

（一人はみんなのために、みんなは一人のために）――

人と深くつながり、より大きな何かに貢献することが仕事の本質なのだと私は考えています。これはどんな仕事にも共通することだと思います。仕事ができる人は、年齢や職種や経験に関係なく、利他的な視点で課題を見つけ、解決することで自分自身の存在価値を認識することができています。言い換えれば、利己ではなく、利他的な視点でビジネスマインドをもち、自分の強みを活かしながら貢献すれば、誰でもできる人になれますし、社会人としても会社員としても世の中で価値のある存在になれるということなのです。

第2章

仕事で価値を生むために、まずは自分の価値を知る

時給1000円から2000円に

仕事は価値と価値の交換で成り立っています。

例えば、ある人の時給が1000円だとしたら、その人の仕事には1000円の価値があるというように、とても当たり前でシンプルなことですが、これはビジネスマインドを磨いていくための重要なポイントといえます。ビジネスマインドを磨くことは自分の労働市場での価値を高めることにつながります。そのためには自分の今の価値も把握しておく必要があります。

もちろんそれは金銭的価値だけの問題ではありません。仕事におけるその人の価値とは、どうやってそれをやるのか、周りにプラスの影響を与えているか——そういった複合的な要素によって判断されます。

よく入社早々、この仕事は向いていないと勝手に決めつけて、やる気を失ったり退職してしまったりする人がいます。しかし仕事に対する向き不向きというものは、ある程度の期間全力で取り組んでみなければ決して分かるはずはないのです。

だからこそ一つの仕事に取り組む以上は、それを経歴として書けるレベルにすることを目標に、目の前の仕事に向き合うことが大切です。一部のエリート社員や経験者を除いて、ほとんどの人はまったくの素人の状態で仕事に就くことになるはずです。簡単に見切りをつけたりせずに、まずは一つ、次第にいくつにも増やしていけるように、日々を積み重ねていくことが大切です。

そのための大きな力となるのがビジネスマインドなのです。

仕事と作業の違い❶ 創意工夫があるか

そもそも仕事の価値について考える際には、まず仕事と作業の違いを理解しておくことが大事です。世の中ではよく仕事ができるという表現を使いますが、仕事ができる人は作業ができる人とは違います。

仕事と作業には3つの違いがあります。1つ目の違いは、創意工夫があるかどうかです。上司に頼まれた資料作成を行うことを例に挙げると、これは作業に含まれます。指示やマニュアルに従って実行するだけでよく、創意工夫がいらないので、基本的には誰にでもでき、誰がやっても同じ結果が出るからです。

反対に仕事は、顧客との会話から困り事を発見したり、それを解決する方法を考えたりすることを指します。解決策を考え出すことは創意工夫そのものといえます。創意工夫は人にしかできませんので、そこで個人の能力差が生まれ、この差が価値となるのです。

ここで必要となるのは仕事に対する積極性と広い視野での気配りです。誰かの困り事に気づき、積極的にそれを解決しようとする姿勢が大切なのです。それこそがビジネスマインドの根本となります。

一方、経営の視点で見ると、会社として欲しいのはこの創意工夫ができる人です。彼らが工夫のアイデアを考え出すことで仕事の価値が高まり、新しいサービスが生まれたり仕事が効率化できたりするからです。

仕事で求められるのは、マニュアルどおりの作業にとどまるのではなく、マニュアルをさらに良いものにしたり、作業の手順を後進に教えたりすることです。そこで不可欠なのが創意工夫であり、それができる人こそが価値ある人ということなのです。体に汗をかくことよりも、脳に汗をかくことが大事です。

仕事と作業の違い❷ 当人の成長を生むか

仕事と作業の2つ目の違いは当人の成長を生むかどうかです。

入社当初はみんな等しく不慣れな新人であり、その会社においては素人です。しかしその後の努力次第で、実力をつけ、会社に大きく貢献できるようにもなり得ます。新人というのは限りない可能性を秘めているのです。

それを開花させるのは一にも二にも当人の努力次第です。もちろん個人差はありますが、ビジネスマインドに気づき一心不乱に仕事に打ち込む人であれば、必ず結果を出すことができます。つまり仕事においては先天的な才能がなくとも、後天的な努力によって自らの価値を上げることができるのです。

私の会社で例を挙げると、写真を封入する際のマニュアルを改善したり、写真封入作業に掛かる手間をゼロにするような画期的なアイデアを考え出したりすることが、当人の価値を高めることにつながります。マニュアル改善や業務フローの見直しや再構築といった仕事は他社でも役に立つはずだからです。

もう少し掘り下げると、スキルは2種類に分けることができます。1つ目は、仕事や作業を進めるうえで役立つテクニカルスキル、2つ目は、人格を高めることに通じるヒューマンスキルです。

パソコン入力が速い、英語が話せるといったスキルはテクニカルスキルに当たります。これは勉強と経験によって磨くことができ、ベテランになるほどテクニカルスキルは高くなる傾向があります。しかしこれは作業においては確かに役立ちますが、仕事においては事情が異なります。

一方のヒューマンスキルはその人自身がもつ特性に関わるもので、性質、性格、価値観などが含まれます。後天的な努力の原点はこのヒューマンスキルにあります。組織内や取引先との対人関係、アクシデントに対する効果的な対応は本人の意識次第で向上することもあれば、逆の結果をもたらすこともあります。良い結果をもたらすにはその人の人間性と、なにより仕事に取り組む姿勢が生み出すヒューマンスキルが不可欠なのです。

自分を成長させていくためには、テクニックを磨くことも大事ですが、それよりもヒューマンスキルに目を向けることが大切です。しかしヒューマンスキルは定量的に表すことが難しく、経験のなかで手に入れていくものです。リーダーやマネジャーなど役職が上がるにつれて必須となるスキルともいえます。周囲からどのようなスキルが足りていないかフィードバックをもらい、日々の業務を通じて積み上げていくことが大切です。

仕事と作業の違い❸　主体的かどうか

仕事と作業の3つ目の違いは、主体的かどうかという点です。作業は指示やマニュアルに従って行うものなので、主体的ではなく自主的でもありません。

逆に仕事は創意工夫することなので、自分の頭で考え、自分主体で実行します。受け身ではないため、やらされている感が生まれにくく、自分が考えたことが反映されたり評価されたりすることで、仕事をする楽しさも実感しやすくなります。

人は、自分がやりたいことをやっているときに楽しさや充実感を覚えます。趣味の時間を楽しく感じるのは、やりたいことができているからです。仕事と作業の違いという点でも、やりたいことを実行できる仕事のほうが楽しく感じるはずなのです。

一方で、作業は繰り返し行うことでうまくこなせるようになるため、達成感を得ることができます。逆にマニュアル改善のような仕事は成果が見えにくいため、モチベーションアップにつながりづらいのです。ここを間違うと作業をする人から抜け出せず、成長できなくなってしまいます。作業の量や、作業による疲労感から生まれている達成感は一時的なもので、自分の価値を高めることには結びつきません。

この偽物の達成感に騙されないためにも、目の前の仕事や作業が自分の価値向上に結びついているかという視点を常にもつ必要がありますし、仕事と作業の違いを認識することが大事です。

自分にとっての本当の仕事を見つけられるのは自分しかいないのです。

10年後できる人になっているか

見方を変えて、今の仕事や作業を10年続けた先を想像し、果たして自分が成長しているかどうか考えてみると、目の前にある仕事が本当に仕事なのか、または仕事のように見えているだけで実は単なる作業なのかが分かると思います。10年後の自分が成長していないのであれば、それは作業を繰り返していることが原因です。ですから作業をする人の枠から抜け出し、仕事をする人にならなければなりません。

その第一歩は、受け身の姿勢から脱却し、主体的な姿勢へと意識的に変えていくことです。マニュアルどおりに実行することは誰にでもできますが、マニュアル改善について考えるためには主体的にならなければなりません。指示どおりに動くだけではなく、自分が後輩などに指示するときをイメージしながら、どうやったら伝わりやすくなるか考えることも、作業する人から仕事をする人に変わることにつながります。

また、別の会社に勤めたときのことを想像してみることも大切です。今の会社で与えられている作業をうまくこなせたとしても、別の会社ではまったく役に立たないかもしれません。作業スピードが速く、社内ではできる人として評価されていたとしても、他社で通用しなければ社会人としての価値が高いとはいえません。仕事で誰かの役に立つ人になるためには、社内の評価基準ではなく社会全体の評価基準で自分の価値を確かめることが大事です。

その基準となるものの一つが、社会に貢献できているか、という点だと思います。自分の仕事、自分の能力が社会に良い影響を与えられているか、それを考えていくと今の自分の未来像が見えてきます。ここでもどんなビジネスマインドをもっているかが関わってくるのです。

若さゆえの素直さは武器になる

自分を成長させて価値を高めていくうえでは素直さも大事です。素直さとは、教わったことを素直に試してみたり、困ったときに誰かに相談できたり、失敗したときに先輩などから受ける指摘を素直に受け入れたりする姿勢のことです。

これは若手が発揮できる価値の一つです。特に新入社員など、真っさらな状態で入社した人たちのなかでも、素直に上司や先輩の話を聞く人ほど早く成長していくものです。

また素直な人はそういったアドバイスを否定することなく、まず実践してみて自分のものにしていきます。それがたとえ失敗であれ成功であれ、その経験は確実に自分自身のヒューマンスキルの向上に結びついているのです。この柔軟性こそが素直な人のもつ最大の能力といえます。

逆に年齢が上がるほど、自分はこのやり方でやってきてうまくいった、という成功体験にしがみついてしまいます。自分が編み出したやり方を変えたくないというプライドが強くなるため、自己流に固執しやすくなり、学んだり自分を変えたりするための柔軟性が損なわれていくのです。アドバイスやフィードバックをする側からすると、アドバイスをしても、「自分は自分のやり方でやりたい、その方法はいまひとつだと思う」といった反応が返ってきたら、教える気持ちが失せてしまいます。

一方、素直な人は教えたとおりに実行しますし、うまくいった場合には感謝までしてくれます。教える側もそういう反応をしてくれたらより多くのことを教えたいと思いますし、結果として、素直な人のほうが成長するためのヒントをたくさん得ることができるのです。

人がＡＩと大きく違う点は、コミュニケーションを通じてそのような関係性を構築できるところだと思います。教える側も人間ですから教える相手を選びますし、相手の反応によって教える内容の量と質が変わります。そのような心理が働くなかで、たくさん教わり、教えてもらう関係性をつくるために最も根本的で重要なのが素直さなのです。

つまり、ヒューマンスキルの向上には素直さが最大の武器となるということです。

素直さを自覚したら、それに甘んずることなく人格を磨いていくことも重要です。人は怒りやストレスに支配されたとき、つい欠点が顔を出してしまい、思いやりのない言動をしてしまうこともあります。たった一瞬の出来事で周囲からのイメージが崩れ幻滅されることもあるため、人前での自分と一人でいる自分に極力相違がないよう、人格を育てていかなくてはなりません。人からの評価を気にするよりも、人格に関心をもち、磨くことに努めるよう意識します。

もちろん、幼少期から欠点を隠したいと思っていればいるほど、直すのは簡単ではなくなります。また、自分では自身の欠点が分からない場合もあるかと思います。そんなときは自分の口癖や思考の癖を書き出してみたり、感情が高ぶるときは分析をしたりすることで、欠点を自覚できるようになります。自分自身を観察して、文章や写真、絵を使って記録するセルフ観察日記を続けていくことで気づけることがあるはずです。

コミュニケーション力が成長への近道

成長のヒントをもらうという点ではコミュニケーション力も重要です。初対面の人とでも気兼ねなく話せる、上司など立場ある人との会話でも緊張しないという人は、それも自分の価値と自覚することが大事です。

誰かの困り事を解決できる手段が仕事であるとすると、相手の課題を把握するためにはしっかりと話を聞かなければなりません。しかし世の中にはそれができない人もいます。例えば、言っている意味を理解できない人や、自分の話ばかりしてしまう人などです。人の話を聞く力もコミュニケーション力であり、一つの価値です。それが相手との共感を生み出して、人間関係を構築したり信頼を獲得したりすることにつながります。

結果を出せる人というのは素直さと積極性をもち、分からないことをきちんと相手に質問できる人です。自分に分からないことがあれば、たとえ後輩であっても質問して確認する、そういった姿勢が大切です。

なかにはプライドが邪魔して後輩や自分より立場が下の人に質問することをためらう人

もいます。しかしそんなちっぽけなプライドはビジネスにおいては何の役にも立ちません。それどころかマイナスの結果しかもたらさないのです。

常にニュートラルな姿勢で、素直に、相手の立場に立って接することがコミュニケーションの基本です。相手の話を聞き、その内容に応じて褒めたり指摘したりするコミュニケーションは、マネジメントを担う立場へと成長していく自分のためになり、価値を高めていくために必要なスキルなのです。

また人前で話すことも、ストレスを感じる人とそうでない人がいます。私自身もかつては人前に出ることが苦手でした。今でこそ人前で話すことに抵抗はなく、何百人の前で話すこともできますし、むしろ率先して前に出たいと思っていますが、子どもの頃はなるべく目立たないように存在を消していました。自衛隊員時代でもほかの隊員の前に出て話さなければならない機会があり、それも苦痛に感じていたのです。

ただ、いつまでも逃げているわけにはいきません。30代、40代になれば前に出て話をする機会が増えます。そこで自分にとっての挑戦の一つとして、意識して人前に出るようにしました。

もちろん最初はうまく話せませんし、緊張もします。しかし場数を踏みつつ、うまく話せなかった理由を自分なりに分析し、改善していきました。どこでどんな話をすればよいかなどを考えて、うまく話すための準備にも力を入れました。そうすると話すことに慣れ、話す内容も良くなっていきます。そしてうまく話せたという成功体験が自信になり、緊張せずに話せるようになるのです。

こうして成功体験を重ねるうちに、いつしか人前に出て話す楽しさも感じられるようになります。自分が知っていることを相手に伝える楽しさや自分の知見が誰かの役に立つ価値を感じて、今まで怖いもの苦手なものと思っていたことが、実は楽しいことだと気づくことができたのです。

コミュニケーション能力は努力次第で高めることができます。今はうまくできなくても、回数を重ねるうちに、聞く、話す、伝える、教える技術は上達し、自分の新しい価値へと昇華できるようになっていきます。

自分自身を正しく知る

コミュニケーションにおいてもう一つ重要なことがあります。それは自分を知る、ということです。他者にとって自分自身がどのように見えているかということを理解するのは、人間関係を築くうえで欠かせない要素です。自分自身のことは自分がいちばん理解しているように思えますが、「ジョハリの窓」という考え方もあるように、意外にも自分で気づいていない未知の長所や短所も存在します。

ジョハリの窓とは、心理学で使用される自己理解のための考え方の一つです。自分の特性を開放の窓、秘密の窓、盲点の窓、未知の窓の４つの窓に分類し、客観的に見た自分自身を正しく知るための方法です。

①開放の窓
自分も周囲も知っている一面のことを指します。他者認知と自己認知が一致してい

ジョハリの窓

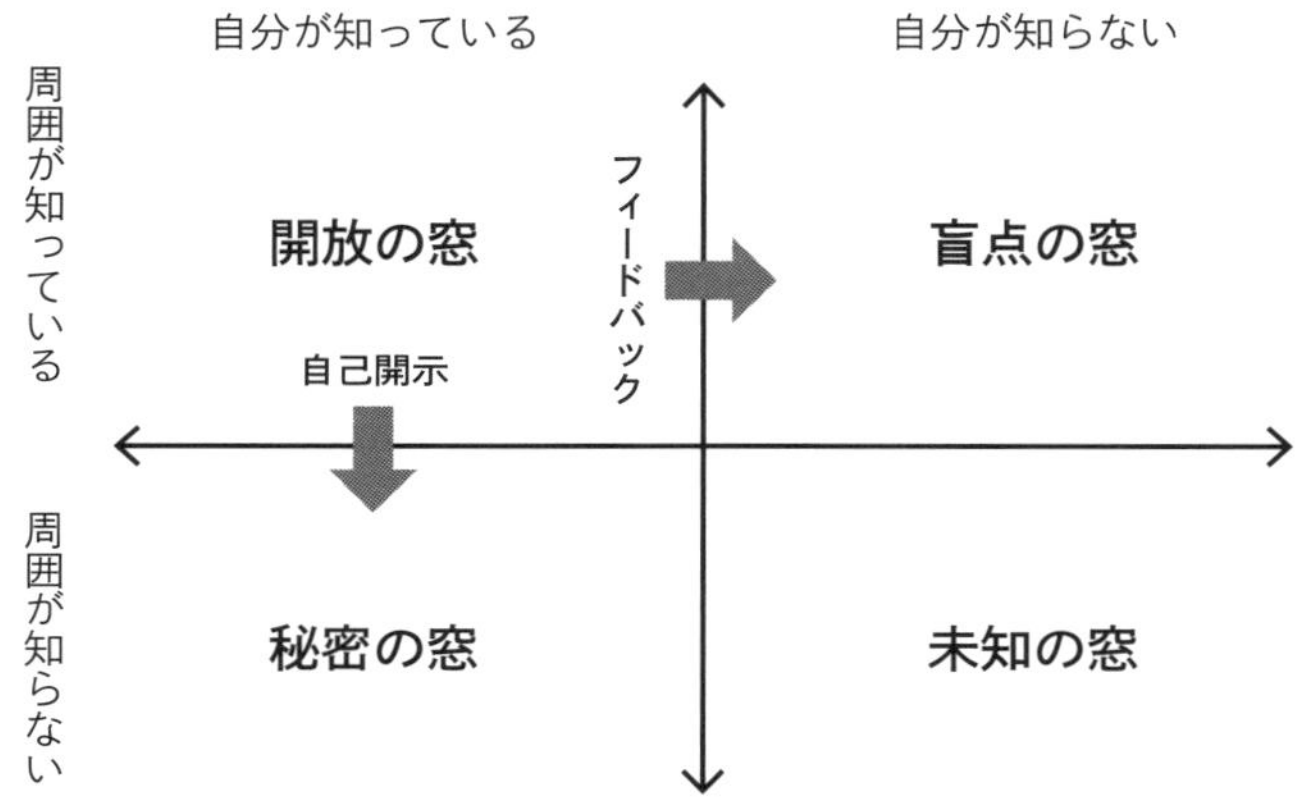

著者作成

る状態で、開放の窓が大きいほどストレスが少なく円滑なコミュニケーションを取りやすいとされています。

②秘密の窓

自分だけが知っていて、周囲が知らない一面を指します。例えば、周囲には隠している幼少期のトラウマや、コンプレックスなどが該当します。この窓が大きいと自分を偽ったまま周囲と接することになるので小さいほど良いとされています。自己開示によって小さくなるのが秘密の窓です。

③盲点の窓

周囲だけが知っていて、自分は知らない一面を指します。フィードバックをもらうことで得られるのはこの窓です。思い掛けない指摘や長所など、新たな発見と可能性に満ちた窓で、周囲からのフィードバックにより自己認知が広がります。どんな指摘も謙虚な気持ちを忘れずに受け取ることが重要です。

④未知の窓

自分も周囲も知らない一面を指します。自己分析を繰り返し、積極的に上司や同僚からフィードバックをもらうことで、この窓を小さくすることができます。未知の窓には自分を成長させる大きなチャンスが隠れているので、うまく活用すれば、理想へと近づくヒントになるはずです。

自分を正しく知るためには、周囲にフィードバックをもらうのが適切で近道だと思います。私自身も事業を始めたばかりの頃は、とにかく周囲にフィードバックをもらい、抱えている課題を改善するのに必死でした。仕事だけに限らず周囲と良好なコミュニケーションを取るために、長所も短所もフラットな視点でフィードバックをくれる人を見つけ、感謝の気持ちを伝えることが大切です。

反対に、フィードバックをもらううえで気をつけておきたいのは、内容に対して文句や言い訳を言ってしまうことです。フィードバックとは人格否定ではなく、周囲から自分がどのように見えているかを客観視するものです。想定以上にネガティブな内容だったとしても、一呼吸おいたうえで、素直さを発揮し、真摯に受け止めることを意識的に行うとよいと思います。

行動力をもって、いち早く動く人になる

素直な人には行動力があります。これも価値です。どんなことも頭のなかで考えるだけでは実現しません。ただ認識しているだけでは意味がなく、行動に移してこそ成果を出すことができるのです。そして素直な人は自己流にこだわり過ぎず、すぐに実行するので、

行動するまでの時間が短くなり、成果も早く出るはずです。

例えば、周囲の人がこの方法でうまくいくだろうかと考えているとき、行動力がある人はいち早く動き出します。分からないことがあったとき、「上司に聞いたら迷惑だろうか、できないやつと思われたら嫌だ」などと余計なことは考えず、上司や先輩におじけづくことなく質問しに行きます。そのため、周囲の人より深く課題を考察でき、解決策にたどり着くことができるのです。

また課題を解決するためには、自分にどんなスキルが足りないのか、何を学ばなければならないのかを明確にすることも重要です。誰かの課題を解決する前に、まず自分の課題を理解し、解決してこそ仕事といえます。上司や先輩に質問できる人は自分の課題を客観的に把握できるため、結果的に成長するスピードも速くなります。

一方、仕事ができる人になりたいという意欲があり、頭のなかでは理想のイメージができていても、残念ながら行動が伴っていないという人は少なくありません。振り返りができず、うまくいったことや反省点も見えないため、躊躇しているうちにスキルアップのチャンスを逃してしまうのです。

こういった人は身近にいる行動力のある人をロール・モデルにするとよいと思います。

その人の言動を観察し、これはというものを見つけて、自分にないものを学ぶのです。その人に近づこうとする意識が、自分自身の行動力をアップさせることにもつながっていきます。

しかし、いくらすぐに行動に移すことが大事だといっても、イメージもない状態で闇雲に行動するのは、避けたほうがよいと思います。こうすればうまくいくという自分なりの仮説を立てたうえで上司にアドバイスを求めることで、自分の成長にも一歩近づきます。だからこそ行動するためには、あらかじめ行動した先に何があるのかを考えることが大事です。営業について知識を増やしたいのであれば、営業に詳しい人に話を聞くことが重要で、ただテレアポを繰り返しても自分が求めている知識は増えません。

行動力を高めることは適当に動くことではなく、自分なりの狙いや目的を明らかにしたうえで、必要な行動をスピード感をもって行うということなのです。

未来志向だから未来をつくれる

性格の面では、未来志向でポジティブに考えられることも一つの価値です。起業は新しい商品やサービスを生み出すことによって世の中に新しい価値を提供する取り組みです。そのためには目線が未来を向いていることが重要ですし、私を含め、未来志向のない起業家は見たことがありません。

誰でも一歩を踏み出すのは怖いものです。しかしこの根本原因を見ていくと、意外にも自分の思い込みであったり、実体のない不安だったりする場合が多いのです。

この恐怖にとらわれていては、新しいビジネスも成功も望めません。しかし自分が生み出した不安や恐怖は自分自身で消し去ることができます。冷静に不安要素を分析し、失敗が起こらないようにするための対策を考えます。そのうえで成功するイメージをより強くもつのです。ある意味、思い込み力といってもよいと思います。

仮に失敗したところでたいしたことはない、と開き直ることも大切です。多少の困難があったとしても、それを乗り越えていくだけのポジティブさがあれば、一歩を踏み出すことはたやすいことです。失敗を失敗ととらえるのではなく、失敗したことで学びを得たと喜べるマインドが必要なのです。

マイナス要素を恐れたり嘆いたりすることではなく、成功や貴重な経験をどうやって獲得していくかを考える未来志向によって、可能性は一気に広がります。未来志向が成長をもたらし、新たな自分の価値と可能性を生み出すのです。

自己肯定感がモチベーションアップの好循環を生む

社会経験が足りなくとも、素直さやコミュニケーション能力、未来志向といった価値はすでに自分のなかに存在しています。そのように自分にはさまざまな価値があると自覚することで、自分自身に対する評価も変わり、いつの間にか自信につながっていきます。

このように社会における自分の価値を認め、ありのままの自分を肯定できる感情を、心理学では「自己肯定感」と呼んでいます。ニュースや新聞などで耳にすることも多くなった自己肯定感ですが、内閣府が平成30年度に行った「我が国と諸外国の若者の意識に関する調査」によると、自分自身のイメージが「私は自分自身に満足している」にどの程度当てはまるか、という問いに対して、日本人の満13歳から満29歳までの男女を対象に調査したところ、「そう思わない」との回答が約55％に上るという結果が出ています。

就職活動や転職活動をする際の自己ＰＲ文を考える際に、つい自分のマイナスな部分ばかりに目がいって、自分はできない人間なんだと落ち込んだ経験がある人も多いかと思います。しかし欠点を含めて自分を肯定的に受け入れることで、自分の良い部分にも目を向けられるようになります。徐々に自己肯定感が高まっていくと、その価値を発揮したくなってくるはずです。経験や知見、実績を増やしていく気持ちが芽生え、行動力につながり、その価値を発揮しやすくなるという好循環サイクルが生まれるのです。

さらに自分の価値向上のために行動をする過程が評価につながり、人脈が広がる機会となるはずです。すると、自分だって成果を出せる、と認知できるようになります。このことは「自己効力感」と呼ばれています。

例えば今まで経験のない難しい仕事を割り当てられたとき、自分には無理だと思ったらそれで試合終了です。自分が適任だから選ばれた、運良くチャンスが巡ってきた、などと思うことでポジティブな気持ちになれます。

この自己効力感がモチベーションの向上につながり、そして目標を達成することで自己肯定感がさらに強まります。こういったプラスの循環によって人は大きく成長を遂げることができます。

人は心理状態によって発揮できる力が変わります。無理だと思っているとやる気が生まれません。しかし、「自分ならできる」と信じれば行動できますし、次の成果も生まれます。自分の価値を実感することが新たな価値を生む源泉になっていくのです。

また、そのために大切なのは、自分に自信をもつための工夫をすることです。他人がなんと言おうと自分はこうである、とぶれない軸をもつことで成功への道が開けます。反対に他人の評価に惑わされていてはとても成功は望めません。

自分がどんな人間で、何をしていて、何を目指しているかを明確にし、納得することが自信を生み出すことにつながります。いくら表面的な知識やスキルを身につけたとしても、自分自身に納得がいかなければ、本当の自信とはいえません。自分の心のなかを見つめ、これまで成し遂げてきたことを胸に刻み、前に向かって行動する勇気をもつ、これが自信のもたらす効用です。

しかし現実では、周囲からの何気ない一言や、誰かとの比較や、いわれなき中傷などにより、手に入れたはずの自信が失われてしまうこともあります。そうした心ない言葉や意図的にくじけさせようとする人には注意が必要です。

もし仮に心ない言葉を浴びせられたり、理不尽な目に遭い、嫉妬や怒りが生まれたりしたとしても、それは人として当然の感情なので恥じる必要はありません。しかし、あえていえば、人生は自分で描くものなので、他人が何か言ってきたとしても自分を信じる強さをもつことが大切です。

また新しい環境や、困難な問題に直面すると、誰しも自分の無力さを感じてしまうものです。完璧な人などいないので、誰であっても自信がもてない時期も、無力感にさいなまれることもあるはずです。しかし時間とともに環境に慣れることで、本来の自信を取り戻したり、「大丈夫、心配ない」と自分に言い聞かせたりすることで次第に心配が消え、自信が湧き上がってきます。あまり気負い過ぎずに、時にはできない自分を受け入れることも重要なビジネスマインドです。

それでも自分に自信がもてないときは、自信があるフリから始めてみる方法もあります。「病は気から」というように、自信もまた気から生まれるのです。まずは自分自身を肯定し、何を目標に、何をしているかを明確に自信に溢れているフリをしながら行動してみることです。

自己肯定感と自己効力感をアップするために行うべき3つのポイント

① 自分の価値を知ろう

学生から社会人になったり、新しいことや難しいステップにチャレンジしたりするとき不安になるのは当然で、これまでに培ってきた自信を一気に失ってしまう人も多くいます。しかし、この自信を失って気持ちが落ち込んでしまう瞬間こそ、成長に必要な成長痛といえるのです。

ずっと同じ環境で、同じ作業を繰り返しているほうが心理的に楽ではあります。しかし、自分で考えて行動して成果につながった過程でこそ、自信は生まれます。何度も課題にぶつかったとしても、諦めることなく、粘り強く成長痛に耐えながら自信を失ったり取り戻したりすることで、いつしかそれが自分にとってかけがえのない価値となり、その価値を発揮できる場所に出合えるはずです。

自分にはどんな価値があるか分からない、という人は友人やパートナーに聞いてみたり、若さや素直さ、行動力を武器に主体的に物事に取り組める場所を探したりするところから始めてみてもよいと思います。

また考え方を変えてみるのも一つの手といえます。毎日遅刻せずに出社していることや、体調が優れない同僚を気遣うことも、当然のように思えますが、かけがえのない自分の価値です。かつ、人に「ありがとう」を言われた経験を振り返り、価値として認識することも大切です。

②自分と簡単な約束をしてみる

日常生活で簡単に自信をつける方法は2つあります。1つは他人との約束、もう1つが自分との約束を守ることです。

他人との約束は、納期を守る、期待に応えるといったことが挙げられます。仕事は契約事ですので、遅刻せず定時に出社することから始まり、あらゆることが約束です。約束を守ることで約束どおりの報酬がもらえますし、社員が約束を守り続けることで会社は顧客の信頼を獲得できます。

自分との約束は、毎週1冊本を読む、毎月3万円ずつ貯金する、といったような簡単なことです。この約束を目標と言い換えるとより分かりやすいかと思います。そして、誰しも目標を立てながらも、それを達成できずに挫折する苦い経験があると思います。

やる気があるときに目標を立てることはたやすいですが、それを継続するのは至難の業です。さまざまな理由でモチベーションが下がり、毎日の忙しさに追われて、目標どころではなくなってしまう人も多いかと思います。しかしそれではいつまで経っても、仕事ができる人になって周りと差をつけることはできません。強い意志をもって日々の努力を積み重ねてこそ、唯一無二の存在になれるのです。また周囲からの評価につながるだけではなく、この目標を必ず達成する、という自分自身との約束を守ることが、自信につながり、自己効力感を生み出す原点ともなるのです。

自分との約束を守ることが自分の価値を高めることになります。

③ 大事なのは成果よりも続けること

仕事に取り組むうえでは、誰しも成功そして成果を求めます。一つの成功が自信となり、自己肯定感をつくり出し、それがまた新たな成功をもたらします。こうした成功体験が当たり前になり、習慣化できてくると今度はそれを続ける継続力が身についてきます。

しかし習慣化させて継続力を身につけるのはそう簡単なことではありません。

例えば毎日腕立て伏せ50回を実現した人が、今度は1日100回やると目標を立てて実行したとします。自分自身と約束をしたわけですが、毎日続けることが体力的にキツくなり、ついに筋肉痛で休んでしまいました。すると、自分に対して約束を守れないという否定的な気持ちを抱えるようになってしまいます。

これでは逆効果です。三日坊主になる根本的な原因は、本人のやる気がないのではなく、やろうとしている計画が今の自分にとってハードルが高過ぎるのです。

大事なのは、まずは成果よりも続けることです。腕立て伏せが何回できた、何キロのダンベルを持ち上げられた、体脂肪率が何％下がったといったことより、何日続けられたかが大事です。

そのためにはそもそもの約束の内容、目標設定が大事です。簡単過ぎる目標では自信になりませんが、続けられる目標であることも大切です。例えば、腕立て伏せなら1日60回と10回増やしてみます。10回なら多少キツくてもなんとかクリアできるはずです。

挫折を回避するためにはほかにもいくつかの方法があります。

まずは人に宣言してしまうのが、手っ取り早いと思います。そのとき、ただ漠然と口にするのではなく定量的に期間や具体的な数値を決めることがポイントです。例えばダイエットを例に出すと、次のように目標を立て、「朝晩15分ずつ筋トレを行う」と周囲に宣言してみます。

目標：半年後に体重を5キロ落とす
計画：朝晩15分ずつ筋トレを行う、夕飯は炭水化物を控える

すると、あとには引けなくなり、さらには一緒にダイエットをする仲間までできれば、成功する確率もアップするはずです。

もし仮に、朝晩15分ずつ筋トレができなかったり、夕飯に炭水化物を食べてしまったりしたら、それらの振り返りを行い、次回への改善策を検討する必要があります。

原　因①：急な飲み会が続いた
改善策①：揚げ物は食べないようにする
原　因②：仕事でトラブルがあり、余裕がなかった
改善策②：自宅でリラックスも兼ねたヨガを代わりに行う

あくまでこれは例ですが、振り返りを実施したうえで、目標の期間までに達成できるように何度も原因究明と改善策の軌道修正を重ねていくことが重要です。実生活でも、仕事

においても改善のサイクルを回していくことでテクニカルスキルだけではなく、ヒューマンスキルの向上にもつながっていきます。

また自分との約束を守る行動を続けていると、周囲からの反応も変わってきます。習慣化されるまで、約束を破ってしまおうかと揺れることもあるかと思いますが、日々のちょっとした努力が成功体験となり、未来の自分の価値となるはずです。

自信がつく行動を習慣化

自分との約束を守れるようになったら、さらにそれを習慣化することも大事です。プロのスポーツ選手が強いのは、練習が習慣化されているからです。彼らにとっては練習が当たり前のことで、毎度練習しなければとは考えません。自然にできているので、そこでスキルが磨かれますし、これだけ練習しているのだから負けるはずがないという自信がつくわけです。しかしスポーツ選手が特別なのではありません。これは自分の意識を変えることで、誰にでも簡単にできることとです。

多くの人は行動を習慣化しようとしても自分で自分を制御しきれず、なにかと言い訳をつけて途中でやめてしまいます。また皆さんも経験があるかもしれませんが、期間に余裕があるとついほかのタスクを優先してしまい、結局当日の朝になって猛スピードで完成させたなどということもあるように、制約がないと気分が乗らず生産性が下がったり、つい後回しにしてしまったりすることもあると思います。そうならないためには自分自身がやらざるを得ない状況をつくってしまえばよいのです。

初めのうちは上司にあえて宣言してみてもよいと思います。仕事をしていく過程で疑問があれば、上司にも質問しやすくもなるはずです。そうすれば、自分のやる気に左右されることなく、行うべき最善の行動を取ることができるのです。

それに加えて、目標を達成するうえでは邪魔になるものを排除することも意識します。オフィスで仕事をしている場合はすでに最適な環境にいるかと思いますが、自宅で作業する際に学生時代のテスト期間かのごとく、作業中はスマホの通知を切る、テレビのない部屋で作業するなど、自分なりの工夫をして作業環境を整えると一気に集中力が高まります。

習慣になれば続けられ、続けば自信が高まり、自己効力感を高い状態で保ち続けることができます。多少落ち込むことがあったとしても、成功体験があれば、自分はできる、乗り越えられない課題などないという強い思考をもてるようになります。

難しい目標は設定せず、自己効力感や自信を高めようとすると同時に、自信が高まらない要因を見つけ、解消することが大切です。自信がつけばあらゆることに積極的に挑戦できるようになるのです。

10年スパンで将来を決める

若いうちは誰もが時間的な余裕を感じ、無限に時間があるように感じてしまいます。定年まであと何十年ある、今でなくても大丈夫と思いがちです。ただ、その感覚が落とし穴です。まだ時間はあるなどと漠然ととらえていると、自分の価値向上の取り組みが後回しになってしまいます。人はどうしても楽なほうに流れますので、明日できることは明日でよいと考え、いつになっても着手しません。

そのうちに、まだあると思っていたはずの時間がいつの間にかもうない状態になります。そこに危機感を抱く人は、おそらく今日の過ごし方から変えられます。

実際、成功する人は生き急いでいるのではないかと思うくらい、あらゆることを先に先に取り掛かります。後回しにはせず、できなかったといった後悔もありません。この感覚と姿勢が、自分の価値向上のために大切なことです。自分の将来をきちんと見据えているからこそ、次の一手も、その次の一手もすばやいのです。


私の場合はもともと「ありがとう」を主体的に生み出せる事業をしたくて、フリーのカメラマンを始めました。ある日、あるクライアントの社長から「いつまでもフリーでいたらダメだよ。30歳までに自分で独立してやりなさい」と言われたことを今でも覚えています。この言葉をもらったときに、なんとなく期日を決めずに動いていた自分を反省し、30歳を期日に事業を起こすことにしました。期日がなければ、いつまでも先延ばしにしてしまう可能性もあります。いつの間にか30代、40代と年齢を重ね、起業したい気持ちが薄れたり、諦めの気持ちが生まれてしまったりすることもあると思います。

そこでやってみたいことにいろいろと挑戦し、そのうちの一つに絞り込み、事業として成り立たせるために突き進み始めるのが20代、30代で起業したあとは人脈を広げたり経験を増やしたりして事業を育て、40代で事業を花開かせようと考えました。

理想を実現するための計画は細かく考えたほうがよいですが、理想のイメージはそれくらいざっくりしたものでもよいのです。20代でどこまでいきたいのか、30代でどうしたいのかなど、10年スパンぐらいの広い視野で見たほうがイメージしやすいと思います。

挑戦を続けることで協力者が増える

若いうちの理想はまだまだ利己的な意識が強いかもしれません。自分が何をしたいか、自分にとって何が楽しいかといった視点になりやすく、顧客の課題を解決する、社会課題を解決するといった利他的な発想にはなりにくいことが多いと思います。

ただ、私はそれでもよいと思っています。まずは自分がやりたいことが出発点でも、その目標を達成しようとすることが挑戦意欲につながり、自分の価値向上のための活動に紐づきます。

それを続け、習慣にすることで、上司や先輩の指示を待つだけの作業者になる可能性が低くなります。自分の人生を自分でつくり上げることを意識的、感覚的に理解でき、その重要性を理解できるようになっていきます。

スタートは利己的な発想でも、歳を重ねていくと自然と視野が広がり、顧客や社会の視点で物事を見られるようになります。そのうちに利己的な視点が利他的に変わっていくはずです。

例えば、人脈が広がって成功している人と話す機会が増えると、成功するためには利他的な視点が不可欠であることや、かわいがってくれる人たちからのアドバイスやフィードバックによって、利他的であることが成功のカギであることも分かってきます。

また忘れてはいけないのは、周囲の人々も常に変化しているということです。毎日そばにいる人の小さな変化にも注意を向けるように意識を変えてみます。そうすることで人間関係のトラブルにもいち早く気づき、相手も、そして自分もトラブルを回避できるのです。それもまた利他的な視点をもつことにつながっています。

早い時期から挑戦を続けていけば、自分が描いた人生のキャンバスが成長のなかで獲得する知見とともに塗り替えられ、周囲の人たちがすばらしい、魅力的だと思う絵になっていきます。つまり協力者や共感する人が増えます。

そのような絵を描くためには早く挑戦を始め、行動できることも仕事ができる人になるために必要な価値の一つです。

第3章

「仕事ができる人」とは、誰よりも早く課題を発見し、誰よりも早く解決できる人

マイナス解消型課題とプラス創造型課題

世の中は、仕事ができる人を求めています。これは顧客も会社も同じで、顧客は課題を解決したり願望を叶えてくれたりする人に仕事を依頼したいと思いますし、会社はそのようなサービスを提供して顧客の役に立ち、喜ばれる人を雇いたいと考えます。ただ作業をこなすだけではなく、課題を解決することが社会人としての価値向上に結びつきます。

課題という言葉をもう一段掘り下げると、課題を解決する商品やサービスは2つに分けることができます。1つ目は、マイナスの状態をゼロに戻すマイナス解消型、2つ目は、ゼロの状態からプラスにするプラス創造型です。仕事をする側の立場から見ると、自分の仕事がマイナス解消型なのかプラス創造型なのかを把握しておくことが大事です。

マイナス解消型は困り事の解決で、典型的な事業は病院です。病院に行く人は、お腹が痛いというマイナスの状態を解消してもらうため病院へ行き、必要な診療や治療などの医療サービスを受けます。

プラス創造型は、健康面でいうならスポーツジムが当てはまります。筋肉を増やさなくても生活に支障はありませんが、トレーニングすると見栄えや健康状態が良くなります。そのためのサービスを提供するのがプラス創造型です。

マイナス解消型とプラス創造型は、どちらの仕事をするかによって商品やサービスを提供する側のやりがいが変わると思います。

私はもともとマイナス解消型の仕事をしたいと思っていました。自衛隊に入ったのも困っている人の力になりたいと思ったからですし、写真販売のプラットフォームサービスをつくったのも、壁貼り展示が大変という園長先生の言葉を聞き、その負担を解消したいと思ったことがきっかけでした。

困り事の解決は不況知らず

マイナス解消型もプラス創造型もどちらも人の役に立つ仕事ですので、同じ一つの事業として成立しますが、経営の視点から見るとそれぞれに特徴があります。

マイナス解消型は不況の波にさらされにくいという特徴があります。景気が悪いからといって、腹痛を我慢しよう、病院に行くのはやめよう、と考える人はいないはずです。一方のプラス創造型は景気の影響を受けます。例えば、車やゲームなどはプラス創造型で、これらは景気が良いときによく売れて、悪くなると売れなくなります。景気が悪いから車の買い替えを先送りにしたり、給料が増えないのでゲーム機は我慢しようと考えたりするわけです。

写真販売のプラットフォームサービスはマイナス解消型で、あらゆる作業がアナログだった壁貼り展示の仕組みをデジタルに置き換えることで、さまざまな負担を軽減させるものです。

また、園の先生が撮った園児の日常の写真だけではなく、イベントなどのときにカメラマンが撮った写真もデジタル化してプラットフォームで販売することで、カメラマンの負担軽減にもつながります。

カメラマンをしていた私自身の経験として、写真を撮るのは楽しいのですが、販売するための一連の作業が大変だと感じていました。カメラマンは写真を撮るプロであり、写真販売のプロではありません。誰か代行してくれないだろうか、もっと簡単に販売できる仕組みはないのだろうかと感じていました。その点においても、写真販売のプラットフォームサービスはマイナス解消型です。

このサービスを開始してから約10年で登録団体の数が６５００を超え、私たちの会社の柱となるサービスとして認知されるようになり、２０１９年にはビジネスモデル特許も取得しました（特許第６６１５６１１号）。事業の成長に伴って会社も大きくなり、自衛隊を辞めて一人で立ち上げ、年商数百万円からスタートした会社は、それから15年の間に従業員数約80人、売上高は数百倍になりました。

課題解決のための方法❶ 利他的視点に立つ

課題解決によって、業績を伸ばすためには3つのポイントがあります。

１つ目のポイントは非常にシンプルで、利他的な視点に立つことです。相手の目線に立って相手が喜ぶサービスを考えることは、マイナス解消型、プラス創造型を問わず共通して重要なポイントです。

仕事が課題解決であるとするならば、課題発見の取り組みも自己実現を目指す利己的な視点ではなく利他的な視点で探すことが重要です。課題の発見と解決を通じて、結果としては自分の会社の利益になるかもしれませんが、自己実現がスタートではないということです。

利他的というとハードルが高いと感じる人もいるかもしれませんし、特に近年は承認欲求の時代といわれるように、仕事を通じた自己実現を目指す人も増えています。

承認欲求が満たされれば、仕事に取り組むモチベーションも上がり、自分の成果や評価、会社の収益にもつながります。しかし、そこだけにとどまらず、利己的に取り組む仕事の先を考えることが大事です。

つまり利己的な意識に基づく仕事をした結果として、その仕事が誰かの役に立っているか、誰かに喜ばれているかが重要ということです。どうやったら稼げるかではなくて、どうやったら「ありがとう」をもらえるかという視点で世の中を見ると、課題も見えやすくなります。

例えば、電車に座っているときにマタニティマークをつけた妊婦さんが乗ってきたとします。そのときに、妊婦さんを気遣って席を譲りたいと思っていても「座りますか?」と言う勇気がなく席を譲れなかった人と、周りからの視線を気にして席を譲った人の2人がいたら、どちらが利他的であるかを考えてみます。一見、周囲からの視線を気にした後者も利己的に思えますが、結果的には利他的な行動といえます。

行動の裏付けとなる動機、そこに利他的な視点がなければその行動自体も、決して良い行いとは言い切れませんし、動機と行動の2つが伴ってこそ利他的行動として誰かのためになります。しかし結果として誰かの役に立てば感謝され、利益になれば会社に評価されます。そうなれば利己的な視点と利他的な視点は同時に成立することもあると思います。

私は感謝されることを意識することによって利他的な視点をもちやすくなるとも思っています。そして仕事においても日常生活においても、利他的行動が取れるよう心掛けることが大切なのです。

人はそもそも誰かの役に立ちたいと思っているものです。役に立って喜んでもらい、感謝されるうれしさも知っています。その気持ちを出発点として仕事と向き合うのが利他的な姿勢で、私はあらゆる仕事がそうあるのが理想だとも思っています。

人はつい目先の報酬にとらわれます。営業なら売上目標、経営なら今期の利益に目が向きやすくなり、そのせいで視野が狭くなり、仕事が課題解決であるという意識が薄れてしまいます。

どんなサービスも提供する側と提供される側がお互いにメリットを得ることで成り立っています。自分の損得だけで行動しても、それは誰かの課題解決には決して結びつかず、また自分自身の価値を高めることにもつながりません。結果的にマイナスの方向へと向かう悪循環となり、自分の価値を高めることにもつながりません。

それを避けるためにも、仕事をした先にある結果に目を向けて、誰かの役に立つかを起点に考えるほうがよいといえます。収益を出発点に考え始めると、儲かるかどうか、効率化してもっと利益を増やすにはどうするかといった話になり、仕事の目的がぶれ始めます。

それならシンプルに「ありがとう」をもらえるかどうかで考えることが、仕事をうまく進める要因であり、社会人としての自分の価値を高め、仕事ができる人になるための近道にもなるのです。

また私は意識的に、周囲に感謝の言葉を伝えられているかという点も振り返るようにしています。人は誰しも周囲から認められたい、感謝されたいという承認欲求をもっています。ほんの些細なことであっても「ありがとう」がもらえると心がほぐれることもあると思います。「ありがとう」という言葉は、人と人とをつなぐ不思議な力があるのです。感謝は、言葉と態度で示してこそ伝わりますので、周囲の人のちょっとした気遣いを当たり前だと思わずに「ありがとう」と声を掛けるようにしています。

すると自然に感謝の輪が広がっていきます。感謝を伝えることで相手もポジティブになり、それが自分にも返ってくるはずです。こうして「ありがとう」の循環を生み出すことが仕事だけに限らず、プライベートにおける人間関係でも好環境となっていくのです。

課題解決のための方法❷　現場を見て、潜在ニーズを見つける

課題を見つけるための2つ目のポイントは、実際に足を運んで、その現場を見ることで

す。利他的になることが意識面のポイントだとすれば、現場を見ることは行動面のポイントといえます。かつて大ヒットした映画で「事件は現場で起きている」という名ゼリフがあったように、課題発見も同じで、室内でじっと考えていても見つかりません。

顧客の課題を探したいのであれば顧客を訪ね、社内業務の課題を見つけたいのであれば同僚などから話を聞きます。課題は現場にあり、現場の人々が評価者であるという意識があれば、課題解決の案が的外れになる可能性も抑えられるはずです。

特に最近はインターネット環境が発達していますので、課題発見のための行動もほとんどの人はとりあえずネットで検索することから始めがちです。調べ物の効率を高めるという点ではインターネット検索は必要です。しかしそこを出発点にしても課題は見つかりません。インターネットで見つかるのは顕在化した課題であり、その解決策はすでに誰かが考えています。そのあとを追っても二番煎じになります。課題の解決や、それによる価値向上の面では、潜在的な課題を見つけることが重要で、その情報はインターネットでは見つからないのです。

ほかの人と差をつけるためには、インターネット上で探せる99パーセントの顕在化した課題に目を向けるのではなく、手間と時間と交通費を掛けて現場に行き、現場にある残りの1パーセントの課題を見つけることなのです。

最近はスマートフォンに代表される便利なツールがたくさんあり、あらゆる課題が簡単に解決できるようになりました。以前であれば、買い物をするときに手元に現金がなければ銀行に行かなければならず、仕事の資料を見るためには会社に戻らなければなりませんでした。

しかし、それらはスマホ一台ですべて解決できます。ちょっとした買い物ならコンビニで用が足りますし、ネットオーダーで届けてもらうこともできます。

このような便利な環境が整っていくことで課題はコモディティー化（一般化）し、見つけづらくなっています。さらにいえば顕在化している課題はほぼすべて「解決済み」とも考えられます。

そう考えると潜在的な課題を見つけることがなおさら重要です。潜在的な課題は、客観的に見れば非効率で生産性が低い作業を、現場の人たちがそれを普通だと思っている状態です。大変さを感じ無駄が多いと思いつつも、そういうものという固定観念があるため、疑問が生まれていない部分を掘り下げ、解決策を提示することで現場の人は喜びます。

現場に行ってみれば、こんな苦労をしているのか、まだこんなにアナログな作業があるのかといった発見があるものです。

また、当事者としての実感も大事です。私の場合はカメラマンをしていたときに撮影した写真を販売する手間を負担に感じていました。同じように感じているカメラマンは多かったはずですが、その解決策となる販売の仕組みがありませんでした。写真販売のプラットフォームサービスを考えたときに、これが役に立つと確信した理由の一つは、カメラマンとしてこのサービスを使いたいと思ったからです。つまり私自身が感じていた困り事そのものが現場の声でした。

社内の課題を探すときにはそのような感覚が大事です。自分が日々、不満に感じていることは何か、不満を感じつつも仕方がないと思っていることはないかと掘り下げることが、課題を見つけることにつながると思います。

課題解決のための方法❸ 課題発見のアンテナをもつ

3つ目のポイントは課題発見のアンテナをもつことです。これが曲者だと私は思っています。アンテナという表現が抽象的で感覚的であり、とらえ方の個人差が大きくなりやすいため、自分はアンテナを張っていると勘違いしている人が多いように感じるからです。

そもそもアンテナとは、課題を見つけ出すための鋭い感覚です。まず、質の高いアンテナを現場で張ることが大事なので、パソコンの前や会議室でアンテナを広げても何も引っ掛かりません。同じ現場を見ても、ある人は課題のヒントを見つけ、ほかの人はそのヒントを見過ごしています。その差を埋めるため、アンテナを広げるという言葉で終始せず、質を高めることが大事なのです。

アンテナの質を高めるためには、自分が興味をもっている仕事を選ぶ必要があります。自分の仕事が好きで楽しく感じている人は自分の仕事に興味があるはずで、まずはその感情を確認してみる必要があります。

車のセールスの人なら、スーパーマーケットで買い物をしたとき、駐車場にどんな車が停まっているか、どんな色でどんなサイズの車が多いのか、といったことが気になるだろうと思います。私は写真販売のプラットフォームサービスを提供しているので、イベントの主催者側で撮影をしている姿を見ると、「その写真はどうするんだろう？」と気になります。

意識的に気に掛けているわけでも、アンテナの感度を上げようとしているわけでもありません。自分の仕事に興味があるから勝手に目線が興味があるものに向き、脳内で自然と仕事と結びつくのです。

このように自分の仕事への興味が深ければ、アンテナを広げようと意識したり努力したりしなくても勝手に広がりますし、必要な情報も自然と入ってくるものです。広げようと努力しているうちは、まだアンテナの質が低い状態ともいえます。現時点で自分にそのようなアンテナがないのであれば、今の仕事に興味をもつことから始めるのがよいと思います。

例えば、自分の仕事が誰の役に立つか、どんな人が喜ぶか、どんなふうに喜ぶかを想像してみます。すると自分の仕事の価値が見えやすくなり、興味も湧きやすくなります。

そもそも仕事をしている人は、自分にとってなんらかの興味がある分野の仕事をしていると思います。パートやアルバイトの場合は、家からの通いやすさや勤務時間の自由度といった条件で選ぶ人も多いですが、それでもいくつか選択肢があるなかで自分がやってみたい仕事を選択しているはずです。

目標を見ると目的が見えなくなる

もう一つ必要なことは目標と目的を区別することです。私や会社は「ありがとう」をもらうことを目的としていて、そのために顧客や社内の課題を見つけて、解決を目指します。一方の目標は課題解決の成果や結果に関わるもので、売上がその一例といえます。

重要なのは目的で、目標はその達成度合いを表す副産物なのです。しかし、多くの人は目標にとらわれ、目的が見えにくくなってしまいます。「ありがとう」をもらうことにつながる課題を探すために現場でアンテナを張っているはずが、儲かりそうな仕事はないか、売上につながりそうなネタはないか、といった雑音が入り、アンテナの感度が悪くなるのです。目的は仕事をするモチベーションを高めますが、目的がなく目標しかない状態だと仕事は苦痛になります。

例えば、今から10キロ走りなさいと指示された場合、私のような筋トレ好きは別として普通は嫌だと感じ、疑問を抱くはずです。人は何か行動するために目的が必要で、何のための行動か分からない状態では本気でアクセルを踏むことができず、スピードも落ちるのです。目的が分からないまま走るのは苦痛なので、続きません。

しかし、10キロ走ったら100万円もらえるという目的が分かれば、おそらく多くの人が納得して走ります。10キロ走るという目標にコミットでき、本気になれます。アンテナも同じです。何のためにアンテナを張っているのか分からなくなるから、すぐに閉じてしまい、何も受信しなくなるのです。

私の場合は、自衛隊に行くと決めたときから、災害派遣で活躍できる自衛官になることをイメージしていました。そのイメージを頭に描きつつ、筋トレをすることでイメージに近づけている実感があったため、苦痛も感じずに続けることができました。イメージが具体的になると自分が目的とする姿の解像度が上がります。目線が目的に向くため、より高いレベルの目標も簡単に超えられるようになりますし、筋トレが習慣化しやすくなるのです。

経営の面では、起業した当初から「ありがとう」をたくさんもらうことを目的としています。そのためには企業の規模を大きくする必要がありますので、通過点として株式上場するといった目標も見えてきます。

会社としての目的を明確にすることで、目的に共感した人が入社してきます。目的が共有できていると、それが共通言語となります。日々の会議でも顧客からの「ありがとう」を増やすにはどうするか、どうすればもっと喜んでもらえるかといった話ができ、同じ目線、同じ目的を目指して仕事に取り組めるようになるのです。

理念のない会社には見切りをつけていい

「ありがとう」をもらうという目的に共感して入社してくる若手社員を見ていると、かつての若者と比べて稼ぐことや贅沢することへの欲求が小さいように思います。

売上や収入などお金に関する目標を意識するほど、課題解決するという仕事の本来の目的が見えづらくなります。しかし彼らはお金に固執する意識が弱いので、人や社会のためという仕事の本質が見えやすいのではないかと思います。

若手の転職が増えているのも、世の中全体の傾向として転職が珍しくなくなり、転職に便利なサイトなどが充実したという環境要因もありますが、自分が思う仕事の目的を共有できない会社で無駄な時間を使いたくないという意識が高まっているからだと思います。

かつて若者は3年で辞めるという話題が盛り上がったことがありました。その傾向は今も続いています。3年どころか1年で転職する人も少なくありません。この現状を見て、若手は根気がない、我慢が足りないと指摘したり、人不足に陥らないように給料を高くしたり福利厚生を充実させたりして若手を獲得しようと取り組む会社もあります。

しかし経営者の視点で見ると、本質はそこではないと思います。会社と社員が仕事の目的を共有できていないため、または、それ以前の問題として会社が会社としての目的を明確に示していないため、若者は在籍し続けていても自分のためにならない、と判断して転職しています。つまり会社が社員に見切りをつけられているのです。

社会人が自分の価値向上のために仕事をする目的を明確にするのと同じように、会社も目的を掲げて存在意義を示さなければなりません。昨今は理念やビジョン、ミッションを掲げる理念経営が普及しつつありますが、理念がない会社や、理念が形骸化して社員に共有されていない会社もあります。

理念がないというのは会社として活動していくうえでの軸がないということです。軸がぶれると目的ではなく目先の目標に目が向きやすくなります。売上第一、利益優先の仕事になりやすく、そういう会社と若手の価値観は合致しません。それが若手の転職が増えている根本的な原因であり、会社として経営者として考えなければならない本質的な課題なのです。

この会社は自分に合わないと感じたときに転職を選択することは、私は間違っていないと思います。世の中には星の数ほどの会社があり、少し視野を広げれば私のように独立や起業の道もあるわけですから、合わない会社に長くいる理由はありません。

ただ、その際に大事なのは転職できる会社の候補をなるべく多くすることです。そのためには自分の価値を高めなければなりません。仕事ができると評価されればスカウトやヘッドハンティングの声も掛かるようになるので、イメージをもって自分の価値を高めていくことが大事なのです。

興味が課題発見への第一歩

仕事や顧客などに対して興味がある人は、それらに関連することについて深く知りたいと考えます。例えば会話する相手に興味をもったとき、どんな仕事をしているかといった質問を通じて相手のことを深く知ろうとするように、自分の仕事への興味が深いほど仕事に関する質問も自然と湧き上がってきます。

そもそも興味がなければ質問はしませんし、そういうものだと流してしまうためアンテナも反応しません。質問が浮かぶかどうかは、自分がその仕事に興味をもっているかどうか、アンテナが正常に機能しているかどうかを測る一つのバロメーターになるはずです。

これは顧客に対しても同様です。困っていることはないか、日々の仕事でボトルネックとなっていることは何かといった質問によって顧客から課題のヒントを聞き出せる可能性があるからです。

特に潜在的な課題は顧客が課題であることを認識していないことがほとんどです。顧客が課題意識をもっていなければ、それは課題として存在していないのと同じなのです。

現場には課題のヒントがあります。現場に行く重要性は、そのヒントをもらうためで、質問から会話が広がっていくことによって課題が見えたり、新しいサービスを考えるきっかけになったりするのです。現場の当事者は、そういうものと思っているかもしれませんが、第三者の目線で見るとおかしいと感じることがあります。それをおかしい、不思議だと感じたら素直に質問にすることで、これまで潜在化していた課題が見えてきます。言い換えれば、興味さえあれば疑問や質問が浮かび、それが突破口となって課題発見の力も高まっていくのです。

仕事の成果はアウトプットありき

仕事に興味をもちアンテナを働かせていると顧客の課題も見えやすくなります。重要なのは、その課題を踏まえ、解決策を考えることです。

そのためにはまず、顧客に提案するゴールまで見据えて解決策を検討する必要があります。課題を見つけるだけでは仕事にはならず、その課題の解決策を提案し、受け入れられることによって仕事が成立します。

例えば顧客に営業する際に何か仕事はないかと聞いても、大抵の場合特にないで終わってしまいます。一方「こんなサービスがあったら便利だと思いますか？」と聞けば、解決策の案に対する評価や感想を聞き出すことができ、改善点やブラッシュアップのためのヒントが得られます。そのやりとりから会話が広がり、解決策が明確になったり仕事につながったりすることもあるはずです。

この違いとは一言でいうとアウトプットがあるかどうかです。特に潜在的な課題を探しに行く場合は、相手が課題意識をもっていないので、こちらから具体的な提案をしなければそこから先には進まないのです。

また私たちを取り巻く情報は日々、刻々と変化しているので、常に基となるデータの更新が必要です。今日の知識が明日も役に立つとはいえないのです。1つ前の情報に基づく提案は何の役にも立たないので、必要な情報を絶えず更新できているか、常に意識的に確認することが重要です。

仕事は正解のないなかで最適な答えを見つける活動です。1+1=2のような絶対的な公式がないので、仮説を立てて検証し、課題の解決策を提供していくことが求められますが、そこが仕事の楽しさでもあります。私は自分なりの仮説を立て、このように改善すれば顧客にはこんなベネフィットがあるといった考えを普段からするようにしています。

相手のことを考えていくと、こうしたら喜んでもらえるかもしれない、この方法のほうが喜ばれるかもしれないといったアイデアが浮かびやすくなります。それをぶつけることが課題を引き出すことにつながります。相手任せ、相手の意見待ちの姿勢は利他的という点では思考停止の状態で、それでは相手も興味をもちませんし、相手との関係性もつくれないのです。

仮説を立てて提案する力が重要

社内の課題に関しても同じです。例えば、ある作業の業務改善や、組織や体制の効率化に関する意見があるとすれば、それが仮説であり思いつきに近いアイデアだったとしても、会社としては前向きに検討しようと思います。さらに、作業手順を変えるにはこういう障壁がある、効率的な組織にするためには人が必要になるといった話になれば、それら障壁を解決する方法を会社も一緒に考えられるようになりますし、そのためのリソースとしてお金や人を投じる判断もできるかもしれません。

社員が自分なりの仮説をもつことによって課題解決の成果やスピードに影響します。会社が求めているのは、顧客に対しても社内に対しても仮説を立ててアウトプットできる人なのです。

居酒屋には会社や仕事の愚痴をつまみにして飲んでいる人がたくさんいます。「会社のここが良くない、この仕事はここが問題だ」といったことを言い合いながらお酒を飲んでいる人たちです。

少し視点を変えると、実はそれもアウトプットに通じると私は思います。課題感の的確さは甘い部分もあるかもしれませんが、会社や仕事の課題を実感を伴って理解しています。しかし、アウトプットありきの意識をもってもう一歩踏み込めば、自分なりの解決策を考えることができ改善につなげていけるはずです。

すでに組織に所属しているのであれば、自分の思い描くビジョンを上司や社内会議に提案してみるのも一つの手といえます。現状の問題点を明らかにし、新たな挑戦を続けることでチームは加速するので、組織がより理想のゴールへとまた一歩近づくためのエンジンの役割となります。

意見を提示する力やビジョンを描く力を磨くことで、会社にも大きく貢献できるので、ただの居酒屋での愚痴で終わらせるにはあまりにもったいないことです。なかには「こうしたらいいのに、こう変えたらいいのに」と自分なりの改善案をもっている人もいます。すでに仮説があり、アウトプットするための原型もできているのです。

何かを始め継続していくのは一人の力では限界があります。しかし最初の一人が勇気をもって手を挙げたり、議題として提示したりすることで賛同者や協力者が現れ、やがて大きな力となっていきます。判断や行動が早く物事を始めるのが得意な人も、他者を巻き込む能力が高い人もさまざまいますが、最初の一人となってチーム全体の推進力となるのも一つの重要な役割です。思いつきのアイデアであっても、それを生かすも殺すも自分次第です。物事を推進し、継続するためには困難がつきものですが、会社における自分の価値を高めるためにも、仮説を立てて提案することを意識し、日々の業務に当たることが必要です。

社会人は全員レギュラーメンバー

私の会社では、特に新入社員に向けてアウトプットの大切さを伝えるようにしています。また、仕事においてはアウトプットの質が成果であり、それが個人の評価や報酬にもつながると伝えています。

学校は基本的にインプットの場です。生徒や学生は授業料を払って学びます。そのため姿勢としては受け身で、授業料を払っているという点で学校から見れば顧客の立場です。

ところが、社会人になるとこの立場が逆転します。社会人は顧客から報酬を得る立場です。学校が勉強を教えるように、社会人は価値を提供することによって、その価値に見合った報酬を給料という形で受け取ります。

しかしこの切り替えがうまくできない人も少なくありません。学生気分が抜けない人は、インプットする側だったときの姿勢が残ったまま、会社で仕事を教えてもらい、さらに会社から給料をもらうという状態になってしまうのです。

それを避けるために私はたとえ話として、彼らにレギュラーメンバーとしてグラウンドに立っている意識があるかと問い掛けています。

スポーツの試合でいえば、インプットにとどまっている生徒や学生はベンチにいる補欠です。しかし、社会人として給料をもらうのであれば、背番号を付けて試合に出てもらわなければなりません。

新入社員はいちばん後輩ですが、レギュラーとしてチームのために成果を出すことが求められます。この意識がないと、会議で何も発言せず、会社に対する提案がない人になってしまいます。

レギュラーになった以上は、自分がどう活躍していけるかを自分で考え、実行していく必要が生まれます。アウトプットの質を高める勉強などのインプットも受け身ではなく自主的に行っていくことが求められます。

入社当初には成果を生み出せないという点では、会社にとっての従業員の採用と育成は先行投資で、なるべく早く成果が出せる人になってほしいと期待しています。10年後から成果を出し始める人と1年目から成果を出す人がいれば、当然ながら後者を採用したいと思いますし、そういう人に高い報酬を払いたいと考えます。それが社会人になるということであり、社会人として価値を高めていくことだと思うのです。

アウトプットありきのインプット

アウトプットを高めていく方法の一例として、私は自衛隊にいたときから、教わりながら教え方を考えるようにしました。上司や先輩から教わったことをインプットするだけではなく、自分だったらどのようにアウトプットするかをイメージしながら学ぶということです。

新入社員であれば、最初は教わる側ですが、翌年には後輩が入ってきて教える側になります。分かりやすく教える方法を自分なりに考え改善することで、新たに仕事上での価値が生まれます。

また自分が教えてもらう過程で分かりにくいところがあれば、そこを自分なりに改善できるかもしれません。この表現は伝わりにくい、誤解を招くかもしれないと感じたら、相手がどう受け取るかを想像しながら、伝える言葉を変えたり、例を考えたりします。こういうふうに伝えたほうがよい、この表現のほうが分かりやすいのではないかと仮説を立てながら考えていくことで、インプットをしながらアウトプットする準備ができます。

このように1年目からアウトプットを意識して学ぶと、2年目になって教える側となったとき、すぐに実践することができます。教えづらい後輩が来ても、「そのタイプの人にはこういう言い方をして、この言葉で伝えよう」といった準備ができていれば、そこで時間や手間を取られることが少なくなります。ほかの人がどうやって教えようかと考え始める一方で、自分はその方法がすでに分かっているため、そこで差がつき、価値を高めるスピードも速くできます。

会社や上司の立場としては、この作業はこうやると伝えるだけではなく、この作業にどんな意味があるのか、誰の、どんな役に立っているのかといったことを背景や目的などを含めて教える必要があります。

「もしも」で考えることは営業やユーザー対応などにも展開できます。ＩＴに詳しくない顧客であれば、伝え方を工夫するなどして幅を広げ、どんな相手でも問題なく対応できるようになるのです。

質問は成長のもと

インプットとアウトプットの話をもう少し掘り下げると、仕事の内容について学んだことは、その内容をアウトプットすることによって自分の脳内を整理することができる効果があります。インプットする情報は教える側の教え方にもよりますが、一つひとつの情報がパズルのピースのように頭に入ってきます。その一つひとつは理解できても、パズルの全体像を見たときに、どこかに抜けがあったり、ピース同士がつながっていなかったりすることがあります。

教わったことを報告書にまとめ、周囲と共有することでその抜けに気づけます。抜けていると全体像が語れないため、何が足りないのか、どこを理解できていないのかが分かります。教わる側から教える側になるにしても、全体像を理解していないと教えることができません。

逆に教える側としては、教えた相手に報告書の作成などのアウトプットを促すことで理解度を確認することができます。教えなければならないことをひととおり教えたとしても、相手の頭のなかではパズルのピースがごちゃごちゃな状態で入っていることもあります。教えたことが間違って解釈されると、教えた時間が無駄になってしまいます。教えるほうも教わるほうもお互いにとってマイナスです。

そこで大事なのが質問です。「こういう内容で合っていますか?」「この認識で合っていますか?」といった質問をすることでお互いの認識のズレを確認できます。また分からないことに対してはシンプルに質問をしたほうが、自分自身が多くのことを学び、効果的に働ける場面も多いのです。

しかし実際は、質問しにくい環境下におかれていたり、何度も質問することに申し訳なさを感じたりしている人が多いように思います。そうして質問や確認がされなかった結果、事前に防げたであろうミスが発生してしまうのです。

言われたことを、分かりましたと受け入れることは、素直さという点で見れば大事なことです。ただ教える側から見ると、分かりましたと言う人が実は分かっていないことはよくあります。確証がないのなら質問すべきなのですが、そうしないことが実に数多くあるのです。

教える側としては、分かったつもりで見当違いのことをされるより、質問を受けて、伝えたとおりの仕事をしてもらうほうがはるかに良く、新入社員は特に細かな疑問を放置せず、積極的に質問するようにしてほしいのです。そして本当に伝わったかどうか、伝えた内容を相手に報告してもらいます。その一手間があることで、走り出す前に軌道修正ができ、仕事の質もスピードも向上するのです。

自分自身の価値を上げたいと思うのなら、まず組織内で目立った存在になるべきです。それには質問をして再確認を取り、その仕事を気に掛けて正しく進めたいと思っていることを示す必要があります。

とはいえ有効な質問をするには秘訣があります。

まずは不明点を明確にしたうえで、質問を投げ掛けることを意識してみます。質問をしてもいつも不機嫌で、あいまいな回答しか返ってこない上司だったとしても、質問者側の意図や把握している部分がつかめておらず、面倒になっている可能性もあります。まずは次の3つを意識して簡潔に伝えるように心掛けるとよいかと思います。

①できる範囲で下調べをする
②主語と述語を明確に、どこが、どのように分からないのかを言語化する
③現在の見解を伝える

意外にも前提条件のすり合わせができておらず、回答が難航する場合もあります。例えば「昨日の会議の案件」と言われても、会議が2つあればどちらを指しているか分かりません。「昨日の11時に実施した株式会社○○の案件」というように誰が聞いても齟齬がないように配慮することが重要です。仕事ができる人は質問の質も高いのが特徴です。

より良い仕事をするためにも、議題のゴールや目的、前提条件を明確にしたうえで質問

することを恐れずに、上司に確認する癖をつけておくことがリスクヘッジにつながります。

日頃の質問が言語化スキルの訓練にもなるので、仮説を立てて上司にぶつけることを習慣化するように心掛けると、仕事ができる人にまた一歩近づけるはずです。

伝わらなければ伝えていないのと同じ

「分かる」と「できる」はまったく違います。教わる側としては、単に教わるだけでは足りず、それを実行できるようにならなければなりません。

また、できるの次には、教えるというステージがあります。自分が理解し、できるようになるだけではなく、周囲の人にもその内容を理解させ、できるようになってもらうということです。私たちの会社でも、仕事の評価基準として、できると教えるの違いを明確にし、できるようになるだけでなく教えられるようになることをリーダーやマネジメントの重要な条件の一つにしています。

そのためにはアウトプット方法を工夫する必要があります。教える際に重要なのは、何を伝えたかでなく、何が相手に伝わったかです。伝わっていなければ伝えていないのと変わりません。そのことを念頭において、相手に伝わりやすい報連相が求められます。自分本位で伝えるのではなく相手ありきで伝わる工夫をすることは、利己的な視点から利他的な視点に変わることにも通じています。

チームワークを活かすための教え方という点でもう一つ重要なのは、自分で考えて、行動できるようにするという点です。教える側の立場として、作業を指示するのは簡単です。しかし、その方法では教わる側は自力で動けるようにはなりません。いつまでも指示を出し続けなければならず自分が大変ですし、教わる側は指示を待つだけになるため成長しません。アウトプットは相手が分からないことを見つけ出し、理解度を深めるための一つの方法です。それができるようになれば社内での評価も高まるはずです。

利他的な視点で思考し続ける

あらゆる仕事において、自分の能力や時間を自分のためだけでなく、人のため、社会のために使う利他の精神が大切です。つまり自分のことよりも相手を思いやり、真心をもって接することです。

課題解決を通じた成長を実現していくためには、まずは自分自身のアンテナを働かせ続け、利他的な視点で課題解決の方法を考え続けることを意識します。

私は社員から受ける質問に対して、単純明快に即答しないようにしています。「どうすればよいですか?」といった空箱を持って答えを入れてもらう質問をするのではなく、「こうするとよいのではないかと思いますがどうですか」と自分なりの考えをもったうえで質問をするように指導しています。そのほうが自分で考える力が伸びますし、考えることが習慣になると思うからです。

教える側が教わる側に考える機会と環境を与え続け、思考停止をさせないことが、本人の価値向上やキャリアアップにつながります。その力が高まるほど別の会社でも通用する人になります。

また、指示を受けて動くだけでは仕事をする人としての当事者意識をもてません。何か失敗したりうまくいかなかったりしたときも、おそらく上司の指示に自分は従っただけと、他責の考えになってしまいます。うまくいった場合も、誰かの指示どおりに動くだけでは自分の成功体験になりません。

その状態を繰り返しているうちは自分の価値は上がりません。自分ならどうやるか、どんな方法が良いと思うか考えることで、当事者意識が芽生え、主語が上司から自分に変わります。自分の意見を出せるようになれば、意見が反映されたときにうれしく感じますし、結果的に仕事も楽しくなってきます。

さらに重要なのは、考えるだけでなく、考えたことを実行できるようにすることです。ただ考えているだけでは意味をなさず、顧客のメリットを考える、業務フローの改善について考える、自分の価値について考えるといったことは誰でも言うことができます。アウトプットありきで考えると、それでは意味がありません。分かるとできるが違うように、考えると実行するも違います。

顧客のメリットを考えるのであれば、そこで止まるのではなく、実際にメリットを提供しなければなりません。顧客の役に立ち、自分の価値向上にもつなげるイメージをもって実際に行動することが重要なのです。

成功の反対は挑戦しないこと

私は「成功の反対は挑戦しないこと」という言葉を大切にしています。自衛隊を辞めたときも、フリーカメラマンを始めたときも、会社を立ち上げたときも、この言葉とともに自分を鼓舞してきました。もし、成功と失敗がある人生と、成功も失敗もない人生を選べるとしたら、私は前者を選びます。過去と他人は変えることはできませんが、自分自身はいつどのタイミングでも変えることができます。無理だと思っていても、一歩踏み出して挑戦してみると、意外にもすんなりできることもあるし、もちろんできないこともあります。ですが、何もせずに無理だと決めつけているのは、ほかならぬ自分自身であることを忘れないでほしいと思います。自分の進むべき道に迷ったり、見つからなかったりしたときは、自分の心に素直になって「本当はどうしたい？」と問い掛けて、思い描く理想のゴールへと一歩ずつ近づいていきたいと思います。そして、いつしかそれが周囲の人の「ありがとう」につながることを願っています。

心の声に耳を傾ける

自分の心に素直になるうえで大切にしたいのが、直感です。私の場合であれば、自衛隊を辞め、独立したときや、起業を決意したときなどが挙げられますが、誰もが人生のコマを進めるために決断に悩むことがあると思います。そんなときは心の声に耳を傾け、そこから導かれる感覚に従い、好きだと思うほうを選ぶことを意識しています。

直感とはロジックや自分の思考とは関係なく、天からの思し召しのような印象を抱いている人もいるかと思いますが、そうではなく、直感とは本人が意識をしていないだけで、実はそれまで積み重ねた膨大な経験や知識を基にした回答だともいえます。答えを出す過程をただ言語化できていないだけで、直感こそ最適な回答だと考えています。

自分のおかれている立場や、周囲の環境がノイズになっていたり、事実にばかり目を向けて、心の声が分からなかったりする人も多いかと思います。自分の人生に責任をもつためにも、日々の事前準備を怠らず、普段から心の声に耳を傾ける練習をしてみるとよいと思います。

第4章

自社や顧客の課題を発見し、すばやく解決するために必要な6つのスキル

①課題解決のイメージを描くスキル

課題を解決していく過程では、英語やＩＴに詳しいといった汎用的なスキルだけにとどまらず、まず課題をいち早く発見し、すばやく解決するスキルが求められます。ここでは汎用的で競争優位性もある６つのスキルを紹介します。

課題解決に必要な１つ目のスキルは、課題解決に向けたイメージを描き、仮説を立てるスキルです。これによって、課題を解決したときの状況や、そこに至るまでのプロセスが見えやすくなります。

特に現時点で解決策がない困り事や、これまでにないまったく新しい解決策を考える場合は、参考にできるものがまだ世の中に存在していません。そのため解決したときのイメージだけでプロセスを組み立てていくことになります。

もちろんイメージだけでは詳細な設計図にはなりません。しかし、イメージできないことは実現できません。まずイメージを描くことで課題解決の最終形や道筋を想定しやすくなりますし、課題の大小を問わず、誰かの役に立つ仕事をする人は常に想像力を働かせて行動しているはずです。

私の周りの変化として、最近は起業を目指す人から相談を受ける機会が増えました。そういうときも、まずはイメージを明確にしようと伝えています。そのサービスがどんな役に立つのか、サービスを使う人がどんなメリットを得て、どんなふうに喜ぶのかを考えてみることが重要ですが、そのイメージを思い浮かべられるのは起業家本人しかいません。起業家がイメージできないことは顧客にも伝わらず、協力者も集まらないのです。

ダイエットを例にすると、スリムになりたいという願望の先に、スリムになるとはどんな状態なのかイメージをすることが重要です。それから具体的に期間を決めて、いつまでに何キロ痩せるといった目標を立てるのと同じです。詳細なイメージが浮かべば、そのイメージに到達するために、何をすればよいか、今日からできることは何かといった取り組み内容も見えやすくなります。

自分を主体にして考えるなら、課題解決を通じて感謝されている自分をイメージしてみることもできます。顧客から、説明がとても分かりやすかったので次回も購入したい、と言われるイメージを思い浮かべて考えてみると、自分に対するフィードバックが生まれるはずです。今の営業トークでは分かりにくかったのではないか、こう変えたほうがもっと分かりやすいのではないかなど改善を考えるきっかけになり、行動も変わっていきます。ここでも顧客の反応や自分の未来像をより詳細に思い浮かべることが大事です。

反対にイメージがなかったり、または詳細さに欠けるイメージしかなかったりすると行動が無計画になります。目的地が見えていないため、思いつきの行動が増え、空回りしてしまい、無駄な時間を過ごすことになりかねません。

それを避けるためにも、相手や周囲の人と共有するのがよいかと思います。誰かにイメージを話すことがヒントになり、イメージの粒度が高まることがあります。自分にはない視点で解決策のヒントがもらえることもあります。

また人に話すためには、自分の頭のなかで整理されていなければなりません。言語化は頭の整理に結びつき、話せば話すほどイメージが洗練され、課題解決の方法やプロセスも見えやすくなるのです。

そうなれば課題解決に向けた取り組みのスピードも速くなってきます。私自身は、そこが自分の強みの一つだと思っています。私に限らずですが、起業家は一番乗りでサービスを打ち出すためにスピードを意識しますので、課題解決の仮説を立て、実行するまでの行動が早くなりますし、人に話したり行動したりしながら自分のイメージの抜けている点や欠点を見つけ、修正していくスピードも速くなるのです。

写真販売のプラットフォームサービスのように世の中になかった新しいサービスは、スタートダッシュで先行者メリットを最大化することが事業発展に不可欠な要素です。そのためスピードを意識することは社員の課題であり、意識させてスピードを速くすることが私の課題だと感じます。課題の発見から解決まで1年掛ける人と1カ月で終わらせることができる人だとどちらが社会的に高く評価されるかはいうまでもありません。顧客や課題と向き合いながらイメージを詳細にしていくことはビジネスマインドの大事なところで、社会人としての自分の価値向上に結びつける重要なポイントでもあります。

必要なのは行動と検証

イメージを描くのに時間が掛かる人の特徴は、頭のなかで考える時間が長いことです。課題の発見の過程でも解決策を考える過程でもまだ十分なリサーチができていない、ほかの可能性も調べているといったことをよくいいます。イメージを描くための情報やヒントをできるだけたくさん得ようとしているのです。

しかし、頭で考えるだけで完璧なイメージを描けるわけではありません。考えたことは仮説にすぎず、行動によって検証しなければなりません。試してみることでうまくいきそうか判断し、その繰り返しによってイメージの質が高くなるのです。

行動は動くか動かないかという精神論ではありません。イメージを踏まえて、試行錯誤を繰り返すことが大事です。

行動して検証すれば振り返りができます。結果を見ながら標識が見えれば、現在地を把握しつつ目的地との距離も確認しながら進んでいけます。常にイメージを意識することで、無駄な行動が減るとともに、必要な行動が伴いやすくなり、課題解決にたどり着くスピードが速くなります。

調べ物は延々と続けられますが、調べ物に集中するほど行動に踏み出すタイミングが遅れます。だからこそ調べる前に、イメージを描くことを意識しなければなりません。考えながら動き、動きながら考えると同時並行でイメージを描き、考えているだけの時間を短くしていくことが大事なのです。

未来のイメージで行動の質が高まる

イメージは、自分の今後の成長や価値向上を考えていくうえでも重要です。キャリア形成や将来設計というと堅く感じるかもしれませんが、イメージがなければ行動は変わりませんし、やることが明確になりません。

例えば、医者になりたい人やアナウンサーを目指す人などは、こうなりたいという未来のイメージが明確です。イメージが詳細に描けているため、勉強などにも無駄がなく、イメージに到達するまでの道のりを着実に進んでいきます。

一方、未来のイメージがなく、または未来の自分についてきちんと考えたことがない人もいます。そういう人は、なんとなく楽しいことや周りがやっていることに流されやすく、無駄な行動が増えやすくなります。楽しいことを経験しながら自分の未来のイメージを固めていく方法もありますが、多くの人が刹那的な楽しさに目を奪われてしまい、キャリア形成に取り掛かるタイミングが遅れるのです。

すでに仕事をしている人も同じです。これからどういう仕事をするのか、どんなふうに社会と関わっていくのかをイメージすることが重要です。

キャリアの考え方は人によって違いますから正解はありません。しかし、イメージできないことは実現できませんので、キャリア形成も将来設計もまずはイメージを描くことが第一歩です。

営業ならいつまでに何件の契約を取れる人になるといった定量的な目標が立てられます。バックオフィスの仕事は目標の数値化が難しいのですが、福利厚生をどうしたいか、人事評価制度をどう変えたいかなど、定性的なイメージを言語化し説明できるくらいまで詳細に描くことが重要です。

また、そのイメージをいつまでに実現するか決めることも大事です。これは日時と期日の話ですから数値化できます。

そこまで掘り下げるとイメージの解像度が上がり、やることが明確になります。感覚的なイメージでぼんやりとした未来像を思い浮かべるのではなく、いつ、どこで、何をするかを計画できるくらい詳細なイメージを描くことでキャリア形成しやすくなるのです。

利他的な思考がワクワク感を生む

イメージが鮮明になると自分の未来にワクワクすることができ、イメージを実現したいという熱い気持ちが湧き上がってきます。これもイメージがもたらす大事な効果です。趣味など自分が好きで取り組んでいることは、もっとこうしたい、こういう方法でやってみたいといったアイデアが浮かびます。それが趣味の楽しいところで、掘り下げていく過程をワクワク感をもって楽しめます。

仕事もワクワク感があれば、こんな営業資料があれば分かりやすいのではないか、こんなプロモーションをしたらどうかといったアイデアが浮かびます。アイデアを実行していくことも楽しくなり、その結果、仕事に取り組むモチベーションを高い状態で維持できます。そうしてこだわりが生まれると、扱っているサービスの本質をとらえたうえで、多角的な視点で課題を見つけられるようになります。その姿勢や熱意に影響され、仕事の質が高まっていきます。

また利己的に考えるだけではなく、課題を解決した先にあるユーザーの喜ぶ顔をイメージすることで、モチベーションや仕事のワクワク感も生まれてきます。どんな仕事にも共通していえることですが、具体的なイメージがワクワク感を生み、結果的に自分の価値を高めることにつながります。

誰しも、誰かの役に立ち、「ありがとう」と言われたいという気持ちがあるはずです。自分のことだけを考えるよりも周囲の人のことまで考えたほうがワクワク感は大きくなります。誰かの役に立ち、どんな課題を解決できるかをイメージすることで、仕事に取り組む力も大きくなっていきます。

仕事を楽しめる会社が成長する

経営の視点で見ると、仕事を通じて役に立つことや、価値を提供していくことに会社全体としてワクワクしているところが成長するということです。例えば、私たちの会社は「ありがとう」をもらうことが仕事をする意義だと位置付けています。社員がその考えに共感しているから、彼らも本気で仕事に取り組みますし、仕事を楽しく感じてくれます。

楽しいことは長続きしますから、会社もサステナブルな成長ができます。経営は難しい課題がいくつもありますが、成長する会社の源泉はワクワク感であり、シンプルな理屈だと思います。

会社の成長という点では、事業拡大のための売上や利益を優先に考える会社もありますが、その考え方で成長し、結果として顧客の役に立っている会社もありますが、私たちには合わないと思います。会社を維持、成長させていくためにはお金が必要ですが、私たちはお金は経営の目的ではなく、顧客、社員、私たちと関わる人に喜んでもらい、感謝される経営を続けるための手段だと考えているからです。

私たちが今後の目標として掲げている海外展開もそこに紐づきます。それを実現することにより、より多くの課題を発見し解決できる組織として成長していきたいと思っています。あらゆる人から「ありがとう」をもらえたらワクワク感がさらに高まると思っているため、会社全体として大きな目標に本気で取り組めます。その過程で多少の苦労があっても、それさえも楽しめるようになりますし、モチベーションを高い状態で維持しながらその先を目指せるわけです。

仕事の軸を定める

私は最短で目的地に着く手段として、仕事の軸を定めています。軸を定めることで思考が整理され、無駄なことを考えたり迷ったりする時間的、精神的ロスがなくなります。例えば、私が社会人として大切にしているのは次の3つです。

①時間厳守
②体調管理を含む自己管理
③周囲に良い影響を与える人になること

このように軸を定めることで必要以上にネガティブな感情に引きずられることが減ります。軸を意識して行動しますし、それでもミスが発生した場合は事実だけに目を向けることができます。もし上司に嫌な注意のされ方をしたとしても、ただ次に活かすためのヒントになったと思えるようになるはずです。自分だけの仕事の軸を定めて、最短距離で理想に近づけるように日々を過ごすことを意識することが大切です。

② 相手の期待を理解するスキル

課題解決が仕事の本質であるという視点をもって相手が求めていることを把握するためには、まず聞く力が必要です。これが2つ目のスキルです。相手の話や文脈から、相手が何を求めているのか、現状としてどれくらい困っているのか、どの程度の解決策を求めているかを把握します。期待を正しく理解し、解決することによって期待に応えることができれば、相手の信頼を獲得できます。期待を超える解決策を提供できれば信頼はさらに高まり、その積み重ねが自分の価値向上に結びつきます。

相手の期待の大きさはさまざまです。誰にでも頼める些細な困り事なら期待も小さいですが、高い代金を払ってでもすぐに解決したい困り事を抱えている場合は期待も大きくなり、期待に応えたときの信頼も比例して大きくなります。言い換えると、より大きな信頼を獲得するためには、ＡＩが提示できる解決策を提供するだけでは不十分だということです。

例えば、金曜日までに企画書をまとめるという課題があったとき、まず考えたいのは本当に金曜日でよいのか、ということです。企画書作成の目的や背景などについて聞いてみれば、なるべく早く欲しいと思っている可能性もあります。そこを汲み取るのが聞く力であり、期待を理解することです。

「金曜日までに提出して」と言われて、言われたとおりに金曜日に提出するのは作業止まりです。相手の要望には応えていますが、期待以上の価値は提供できていません。依頼者としても、同じクオリティーなのであれば、早く提出してもらえたほうが助かるはずです。

特に若手は質よりもスピードを重視することが大切です。なぜならスピードが速いとフィードバックと修正の時間をきちんと取ることができるからです。早い段階で、どこを理解できていないか、依頼者の意向に沿えているかを上司が把握できるため、無駄が少なく済みます。そして実行したらすぐに報告をします。報告までが仕事の一環であると肝に銘じておくのが重要です。そして自分の価値を上げていくためにも相手の期待を理解し、超えていくことが重要なのです。

質問で期待を深掘り

期待を理解するためには相手に質問することが大事です。質問を通じて相手の課題がよく見えるようになりますし、どんな課題をどんなふうに解決してほしいかが把握しやすくなります。

しかし相手の話を部分的に聞くだけでは課題の本質が見えてきません。相手が困っている状況も見えません。そもそも相手が課題の本質を分かっていないこともあります。つまり目の前の状況としてどうにかしなければならない、ということは感覚的に分かっていますが、その感覚を言語化できていないため、お互いに頭のなかが散らかっているわけです。

それを整頓するのが質問です。質問を通じて会話が広がっていくことで、相手が期待していることが分かり、自分がやること、できることも分かるようになるのです。

また質問は自分の成長を早めることにもつながります。質問を通じて顧客、上司、先輩などとの会話を広げることで、自分が伸ばしたほうがよい長所や克服しなければならない弱点がより良く理解できるようになるからです。

しかし自分のためを思ったフィードバックだと理解していても、否定的な意見を言われることもあるので、できれば聞きたくなどないものです。しかし成長していくためには、客観的に自分をとらえ、弱点を深く掘り下げ、正しく理解をしたうえで克服していくことが大切です。

フィードバックとは働くなかで周囲が自分に対して感じたことを共有してもらうものです。自分の人格を否定されたと感じたり、不安やストレスといったマイナスな感情を紐づけたりするのではなく、さらなる成長のための新たな気づきであることを忘れずに、考え方や仕事の進め方について軌道修正することを念頭においておくとよいのです。

もし、ここがダメと言われても、そこを改善すれば成長できるとアドバイスをもらっているだけにすぎません。否定的な批判は聞きたくない、と耳を塞いでしまうのではなく、その背景にあるアドバイスを聞き逃さないように意識することもポイントです。

また上司からの指示の意図を正しくとらえることも重要です。指摘を受けた当人の理解が浅く、誤解があるとフィードバックを行う意味も薄れますし、会社も本人も成長しません。心理的にはあまり聞きたくない指摘ほど、その意味を正しく理解する必要があり、そのためには「こういう意味で合っていますか?」「こういう方法で改善できますか?」といった質問が大事なのです。

このようなコミュニケーションができるようになると、社内の会話そのものも質が高くなります。社内の仕事や作業にはあらゆる無駄がありますが、その無駄を生み出している原因の一つが解釈のズレです。指示した内容の意図が伝わっていなかったり、正しく理解されなかったりすることで時間と手間の無駄が生まれます。

質問で掘り下げることが習慣化すれば、そのような無駄が省けます。仕事が円滑に進むようになるだけでなく、あの人に頼めば安心、あの人なら任せられるといった評価にもつながっていきます。

また、仕事は基本的には周りと協力しながら進めていくものです。自分一人の力では解決が難しい課題を周りの力を借りることによって解決していくことで会社の価値が高まっていきます。

そのような協力を得るためにも、コミュニケーションの質を高めることが大事です。周りに信頼され、うまくコミュニケーションを取ることは自分自身のマネジメントの力を伸ばすことにつながり、それも周囲の人との差別化要因になるのです。

③ モチベーションを維持するスキル

課題解決に必要な3つ目のスキルは、モチベーションを高く維持することです。自分の心理状態を管理し、落ち込んだときに立て直したり、落ち込みにくくしたりするということです。

難易度が高い課題ほど失敗する可能性は高くなります。そもそもすべての仕事がうまくいくわけではありませんし、失敗は心理的な負担になり、モチベーションを低下させることもあります。

しかしそこが仕事の楽しさだと思います。誰にでもできる作業を繰り返しても何も楽しくありませんし、簡単で単純な作業では役に立った実感も自分が成長している実感も得られません。成長を生むのは仕事であり、仕事をするためにはうまくいかないかもしれない可能性を受け入れて難しい課題に挑戦する必要があります。

また、重要なのは成長できる仕事を継続的に取り組んでいくことです。そのためには落ち込んだり諦めたりしないように、常にモチベーションを高く維持し、自分の心理状態を良い状態に保つことが求められます。

挑戦意欲をもち続けるために、私が意識をしているのは、人生にも仕事にもゲーム感覚をもつことです。すべてがゲームであると考えることで、ラスボスを倒したい、早く次のステージにチャレンジしたいという気持ちになり、挑戦を楽しめるようになってきます。

初めのうちは、選択権と責任をもって自分で決めることは精神的にも体力的にも負担になるかと思います。しかし、自分の意思決定によって、未来を変えることができるようになると、挑戦すること自体が楽しくなってくるはずです。

また挑戦意欲のある人は、物事をポジティブにとらえる傾向があるように思います。発言やマインドがネガティブなのは、過去に視点が向いているため、未来志向とは対極に位置します。メンタルを良い状態に保つためにも、未来に対してポジティブな期待をすることで、モチベーションも高まります。想像したことを形にしていく創造の取り組みが挑戦を続ける意欲を生み出します。

誰しも仕事上の壁にぶつかり、悩み、落ち込み、自分の実力不足を嘆き、向いていないんじゃないかと自己否定してしまうこともあります。しかし目に見えるレベルアップはしていないように見えても、努力を続けている間に経験値は確実に高まっています。そして自分が先輩になったとき、同じように悩む後輩や同じ仕事をするメンバーに対して、彼らが抱えている課題をともに乗り越えていく視点をもち続けていれば視座が高まり、自分自身をもう一段階上位のステージへと導いてくれるはずです。

比較対象は自分自身

自己肯定感や自己効力感を高く維持するためには、不要な比較をしないことが大事です。誰かと自分を比較して落ち込むのは自損事故のようなもので、モチベーションも成長のスピードも下がるだけだからです。どんな場所でも競争はありますが、大切なのはその競争に勝つことではありません。自分を成長させることが重要で、競争に勝つかどうかは自分がどれくらい成長したかの結果です。

競争を意識し過ぎると自分よりも周りに目が向いてしまいます。ほかの人のできるところにばかり目が向くようになり、主語が自分以外の誰かになります。自分よりもあの人のほうが優れていると感じ、気持ちが落胆する原因になります。

また誰かが得意なことを、必ずしも自分もできるようになる必要はありません。周囲の人を意識し過ぎると、自分には不要な能力を磨こうとしたり、自分が伸ばしたほうがよい長所や価値に目が向かなくなり、成長のチャンスを逃したりしてしまいます。そのような無駄を防ぐためにも、不要な比較はしないほうがよいですし、周りを気にするなら、自分の成長に集中するほうがよいのです。

社内では同期や同僚の動向が気になったり、誰かが大きな成果を出せば悔しく感じたり、評価されている人を見て自分はダメだと感じたりすることもあります。

しかしそこで気持ちが落ち込むと成長のスピードが下がります。あの人は成果を出した、自分は遅れたといったことはいずれも過去の話で、過去に目が向くことによって未来志向の視点をもてなくなります。そのような悪影響をもたらす比較は不要なのです。

過去に目を向けるのだとしたら、過去の自分よりどれくらい成長したかを把握するために時間を使うのがよいと思います。この比較なら自分の自信を高めたり、成長の方向性やスピードを確認したりするという点では意味があります。例えば入社して間もない頃と比べて人脈が広がっている場合、それは成長の証しですから、どうやって広げてきたのかを振り返り、その方法を再確認することで、これからさらに人脈を広げていくことができます。

反対に、以前と比べて素直さや行動力が低下していると気づくこともあります。これは反省点として活かすことで課題解決の能力や成長のスピードを維持することに結びつくはずです。

つまり必要のない比較で落胆するのは避けたほうがよく、周囲の人より課題と自分に集中することのほうが大事なのです。

質を疑う前に量をこなす

うまくいかないときでもモチベーションを維持する方法として、量をこなす方法もあります。あらゆるスキルは練習量と比例するため、うまくいかない原因は能力が足りないのではなく、量が足りないだけの場合もあるからです。

例えばスポーツ選手はたくさん練習します。練習することで技術が高まることはもちろんですが、日々練習を続けているという事実が自己肯定感と自己効力感を高め、そこから生まれる自信によってより高い目標に挑戦する意欲も高まるという良いサイクルをつくり出しています。

仕事も似ています。営業を例にすると、電話営業で成約が取れない原因は、話す内容が良くない可能性もありますし、単に発信数が足りていないだけとも考えられます。成果は行動の量と質の掛け算ですから、量を増やすことで成約が取れるようになることもあるのです。

質にだけ目を向けると、自分には適性がないかもしれない、この仕事に向いていないのかもしれないと考え、そのせいでモチベーションが下がります。安易にその状態にならないためにも質と量の両方を見ることが大事です。経験則として、成果に悩んでいる人のほとんどは質以前に量が足りていないことが多いのです。

量を見直す際には成果が出ている人を参考にしてみることができます。成果が出ている人には必ず理由があります。また、成果が出ている人には圧倒的な量をこなしているという共通点があります。

本気で売りたいものしか売れない

量を増やしても成果が増えないのであれば、質が悪い可能性があります。質の改善は、電話営業ならマニュアル改善やサービス内容の見直しといった工夫が必要になりますが、それ以前の問題として、自分がその商品やサービスを本気で売りたいと思っているか自分自身で確認してみることも大事です。つまり顧客の役に立つものだと本心から自信をもっていえるかどうかを考えてみるということです。

飲食店を例にすると、おすすめメニューがおいしいかどうか店員に聞いたときに「食べたことがないので分かりません」と言われたら注文する気持ちが薄れますし、「おいしいので、ぜひ食べてください」と言われたら頼んでみようという気持ちになります。料理以外の商品やサービスも同じで、売り手が良いと思っているものは売れます。本心で推奨できると思っているので、その熱が相手を購入してみようという気持ちにさせるのです。

これはマニュアルの問題ではなく、マーケティングやブランディングの問題でもありません。売り手の意識と姿勢の問題です。

私たちが提供している写真販売のプラットフォームサービスが伸びているのは、撮影者の負担軽減になることがサービスの特性として評価されていることも理由ですが、売り手である私や従業員がその内容に自信をもっていることも大きな理由です。突き詰めれば、私たちはこのサービスに惚れ込んでいますしファンであるということです。

自分が扱っているサービスが好きになれない、ファンになりきれないという場合は、サービスの内容そのものに改善点があるということです。成果が出るかどうかよりも、そこを変えることが先決です。好きになれないと感じるのは課題のヒントなので、どこが好きになれないのかを突き詰めれば、顧客の課題解決の手掛かりとなります。そしてサービスが抱えている問題を洗い出し、社内で提案すれば、将来的に自分の意見が直接課題解決につながることもあるはずです。

④ 人脈を広げて協力者をつくるスキル

課題の発見は一人でもできますが、必ずしもその課題を解決する知識や技術を自分がもっているとは限りません。人が一人でできることは限られます。私も起業したての頃は一人であらゆる仕事をしながら突っ走ってきましたが、会社とサービスを育てていく過程では意識して人脈を広げ、多くの理解者を得て、協力者を獲得してきました。

そこで重要なのが人脈を広げて課題解決のための協力者をできるだけ多く獲得することです。これが課題解決に必要な4つ目のスキルです。

人脈で大事なのは、できる人から学ぶことです。自分の先を走っている人、自分にとって理想的な仕事をしている人、優秀な人、成果を出している人などに自ら歩みより、そこで学ぶのが最も効果的です。なぜなら、彼らは社会で価値を認められている人たちであり、顧客や社内の課題を解決する力もあるはずだからです。

そのような人との接点が増えるほど課題解決につながるヒントをたくさんもらうことができます。できる人との関係をうまくつくれるかどうかによって自分の社会人としての価値を高められるかどうかも変わってきます。

言い換えると、人脈づくりに関しては量より質が大事ということです。富士山に登るなら富士山に登ったことがある人から話を聞いたほうが役に立ちますし、オリンピックを目指す人が、県大会に出た経験しかない人と会話をしてもオリンピック出場につながるヒントを得られる可能性は低いです。

経験者は経験に基づく視点があり知見があります。はたから見ただけでは分からない細やかな工夫や気づき、ヒントを得られる質の高い人脈をつくることが大事なのです。

社長のカバン持ちや運転手をしたり、芸人が師匠に弟子入りしたりするのも同じことです。仕事やステージなど表から見える部分で学べることもありますが、それ以外の時間の行動を近くで見ることによって発見することもあります。どんな本を読んでいるのか、どんな人と食事をするのかなど、近くで観察したり話を聞いたりすることで、できる人がこうなった背景や理由などが見えやすくなります。

単に顔が広い人や人付き合いがうまい人も、さまざまな情報が人づてに入ってくるという点では成長のヒントが得られますが、質を意識すると課題解決につながる知見をより的確に得やすくなるだろうと思います。

居心地が悪いところは学びが多い

人付き合いという点では、自分にとって居心地が悪いところにあえて身をおくことも重要です。周囲の人たちと考え方や視点が違ったり、自分より優秀な人たちと一緒にいたりすると居心地が悪く感じるものです。しかし、自分と異なる考えをもつ人と接することは自分の視野を広げることにつながります。

知識の量が違う人たちと一緒にいるからこそ、彼らとの会話が自分に何が足りないか気づくきっかけになり、成長するためのヒントを教えてもらうことにもつながります。

この居心地の悪さとはある意味、成長痛の一つであるといえます。例えば、新しく学びたい分野のセミナーに足を運んでみたり、難易度を上げたジムに通ったりすることでもよいです。もちろん周囲のレベルが高く、初めのうちはついていけないことばかりかと思います。しかし、自分よりも知識をもっている人と一緒にいると、自然とその人たちの思考や行動を学ぶことができ、知らず知らずのうちにレベルアップしています。自分が抱えている悩みを簡単に解決する方法を知ることができる可能性もあります。

だからこそ精神的負担を乗り越えてでも行く価値があります。私自身も、会話にはついていけなくても、一生懸命学ぼうとする姿勢を評価してもらえたり、仲間外れにされることなく輪に入れ、ほかのメンバーに私のことを紹介してもらったりした経験もあります。そこで名刺を交換する機会をもらうことで、さらに人脈が広がっていきました。

そのような出会いが人脈づくりのチャンスだと思います。相談をすることができたり、アドバイスをもらえたり、専門知識を踏まえたヒントをもらったり、専門知識をもつ人を紹介してもらったり、そのような人とつながりをもっていることが自分の価値の一つになります。一つの出会いが次の出会いにつながっていくことで自分の価値はさらに高まっていきます。

そのためには、居心地が悪い場や関係性を避けてはいけません。どんな人、どんな出会いが課題解決に結びつくか分かりません。そこが仕事の面白いところであり、成長という点では人生の面白いところでもあると思います。

上司・先輩は知識と経験の宝庫

社内の人脈を自分の成長に結びつけるためには、極端な言い方をすると、上司や先輩をいかに使い倒すかが大事だと思います。彼らは自分にはない知見をもっているので、経験談も聞けますし、彼らが知っている優秀な人たちを紹介してもらうことで自分の人脈を広げることもできます。自分の成長にとって欠かせない要素をもった存在は、知識と経験の宝庫といっても過言ではありません。

そのためには一緒にいる時間をできるだけ長くすることが大事です。カバン持ちや弟子入りの話と同じで、近くにいるほど多くの情報が得やすくなるからです。

気心の知れた同僚とランチに行くのはとても楽しく、自分にとってリラックスできる居心地が良い環境かと思います。もちろん同僚と絆を強めることも重要です。

しかし、課題の発見や解決ができる人に成長する、社会人としての自分の価値を高めていくという視点で見ると、同期と一緒に過ごす1時間より、先輩や上司と過ごす居心地が悪い1時間のほうが役に立つはずです。営業なら、部内で最も成果を出している人と一緒にランチを食べることで、売れる理由が見えることもあります。周囲から信頼されている上司と一緒に食べることで、信頼される理由が見えるかもしれません。

ランチは1日あたりたったの1時間くらいの短い時間ですが、毎日同期と食べている人と比べると1年後には何百時間の差となり、いつの間にか情報や知識の差として表れます。上司や先輩から教わったことが同期や同僚にはない自分だけの価値として貯まっていきます。

そのためにやることは簡単で「一緒に食事をしていいですか」と声を掛けるだけです。

上司への声掛けが難しければ、まずは年齢が近い先輩に声を掛ければよいと思います。また、先輩や上司と食事するのは緊張すると感じるかもしれませんが、先輩や上司の立場から見れば、後輩に食事の同席をお願いされて嫌な気持ちになる人はいないと思います。むしろ慕ってくれてうれしいと感じ、気に掛けよう、いろいろ助けてあげたいと思うはずです。それがＡＩにはない人間の良さだと思います。

そう考えれば、居心地が悪い、声を掛けにくいと感じているのは自分の問題です。遠慮のような感覚を捨て、物おじせずに一歩踏み出すことができれば、上司や先輩の知見をいろいろと引き出すことができ、課題解決できる人になるスピードも速くなるのです。

信頼関係を築く

どんな組織であっても信頼関係がなければうまく回っていきません。信頼関係とは、互いを信じて頼ることができる心理的安全性が担保された状態を指します。仕事中に困ったことがあれば、相談したり、意見を交換し合えたりするので、信頼関係を築くことはとても重要です。そのために工夫すべき点は2つあると考えています。

①相手との共通点を探す
②相手の話をしっかりと聞く

とてもシンプルなことですが、まずは相手と自分の共通点を探してみることです。人は自分との共通点を見つけると親近感を抱きます。思考や価値観から趣味や出身地などのプライベートなことまで、どんなことでも共通点があると心理的な心地良さを手に入れることができるのです。

またその際、相手の話にしっかりと耳を傾け、共感することを意識します。自己開示という理由をつけて、自分の話ばかりするのではなく、真摯に相手の話に向き合い、共感を積み重ねることが、組織を構成する一員としての重要な役割だと考えています。

⑤ 当たり前を疑うスキル

課題解決に必要な5つ目のスキルは、常識にとらわれずに発想するスキルです。課題解決のためにはアイデアが必須で、アイデアを出すためには、世の中は常に変化していることを念頭において既存の発想から離れることが重要です。

世の中が求めることは時代によって変わります。これまではこうだったと過去を踏まえて考えるより、今後はこうなるはずと未来を見ながらアイデアを練るほうが新しいサービスを生み出せる可能性が高くなります。

例えば、従来の飲食店では店員を呼んで注文するのが当たり前でした。しかし、最近はタッチパネルでの注文も増えました。これは時代の変化が生んだ新しいサービスであり、ソーシャルディスタンスの確保、人手不足の解消、売上減少と人件費の負担軽減といった課題の解決策でもあります。

この例で重要なのは、店員による注文をタッチパネルにしようと考えた第一号の人がいるということです。起業家はそのようなサービスを考え出すことに価値がありますし、日々の仕事でも、顧客や社内の課題に対して過去にない解決策を生み出すことが自分の価値を高めることにつながります。

1番と2番の違いは大きく、新しいサービスも1番だけがメディアなどに取り上げられます。成長のスピードや、課題発見から解決までのスピードが重要なのも、一番乗りになる可能性が大きくなるからです。

似た例はほかにもあります。数年前から一部のアパレルショップではカゴを置くだけで会計できるレジが導入されています。洋服に付いたセンサーを感知して自動計算する仕組みのレジです。

課題解決という点で見ると、消費者にはレジの待ち時間を短縮したいという課題が解決でき、店側は人件費を抑えたいという課題が解決できます。この仕組みは、レジは人が会計するもの、並んで順番を待つものといった常識にとらわれていたとしたら生まれていなかったはずです。レジに並んで買うという日常的な光景に疑問を感じることが重要で、それが普通、当たり前と思っている限りこのアイデアは出なかったということです。この疑問をもつ力は課題を発見し、解決する人となるために必要な重要なスキルです。

今も街中には当たり前と思われている不便なことがいくつもあるはずです。日々の仕事のなかにも斬新なサービスを思いつくヒントで溢れています。

私の会社では、さまざまな業界にサービスを提供しており、そのなかの一つとして保育園や幼稚園があるため、直接園を訪れることがあります。そのときに見掛ける子どもたちが元気に遊ぶ声や活気をうまくエネルギーに転換できないかと想像してみたりします。できるかどうかは別として、重要なのは当たり前にとらわれないことです。そして、常識にとらわれないアイデアを考えたり練ったりすることを楽しむことです。

そこに事業をつくり出すチャンスがあります。世の中が大きく変化するときもチャンスが見つけやすくなります。そのチャンスを拾えるかどうかはアンテナの問題で、見慣れた光景やそういうものなので仕方がないと思っていることのなかに、次の新しいサービスが生まれると思うのです。

⑥ あらゆることをチャンスととらえるスキル

課題解決に必要な6つ目のスキルは、あらゆることをチャンスととらえるスキルです。例えば、相手の期待を理解できると自分に声が掛かった理由や自分が依頼された理由も見えやすくなります。どんな仕事も、依頼した相手には依頼した理由があるものです。自分の素直さ、行動力、人脈といった素養(価値を生み出す力)が買われて、声が掛かったのかもしれません。

さまざまな可能性を念頭において、まずはなぜ自分なのかを考えてみることが大事です。声が掛かった理由が分かれば、自分の強みも分かります。強みは周囲の人たちに対する競合優位性ですから、それを把握して伸ばすことが自分の成長に直結します。

または、自分の弱点を克服する機会として声が掛かったのかもしれません。相手が自分に期待する能力があり、現状としてはまだ十分ではないため、この依頼を通じて力を伸ばしたり、弱点克服に取り組んだりするためという意図があるかもしれないということです。

仮にそうだとすれば、それも成長につながります。成長は理想と現実のギャップを埋めていく取り組みですから、その依頼を100点でこなすための勉強や努力が成長をもたらします。

成長という点では、重要なのは後者のパターンだと思います。依頼内容の難易度によっては、もしかしたら今の自分の能力では力不足と感じることもあると思いますが、そのときにチャンスと思えるかどうかが成長できる人の分かれ道です。

この人には無理だと考えていたらそもそも声を掛けません。声が掛かったということは、自分にはできる可能性があると認められているということを素直に受け入れ、その期待を理解し、応えようと考える素直さをもつことが成長に向けた第一歩だと思います。

チャンスを逃さない

やったことがない仕事を頼まれたり、解決が難しそうな課題について相談されたりすると不安が生まれるものです。なかには失敗を恐れて断る人もいます。しかし、やったことがないからこそ成長が生まれます。断る人と引き受ける人とでは成長のスピードに差がつきますし、数年後に立っている場所もまったく変わっていると思います。

断るということはチャンスを自分でつぶすということです。依頼する側に次は声を掛けるのをやめておこうと思われないためにも一回一回のチャンスは大事にしなければなりません。

また、積極的に引き受けてくれる人は仕事を依頼する側から見てかわいいと感じます。教えがい、育てがいがあると感じますし、そういう人にはより多くのチャンスを提供し、成功体験を与えたいと思います。成長のためのアドバイスもしたくなります。

それが追い風となってさらに成長のスピードが速くなります。チャンスを前向きにとらえて自分の力で未来を変えるだけでなく、その姿勢が周りの支援や協力を呼び込み、未来をより良い方向に変えてくれます。その関係性は期待を理解し、チャンスを前向きに引き受ける姿勢から生まれるのです。


断る人のなかには、私なんか恐れ多いなどと自分を卑下する感情で断る人もいると思いますが、成果を出す人、頼られる人、成功する人は、自分で自分を認めています。現状の能力が足りていなかったとしても、課題解決に取り組んでいくなかで必要な知識を吸収し、解決まで導けると信じています。その姿勢と取り組みが実績につながっています。

なんでもかんでも遠慮をしていたら、仕事に取り組めるチャンスが減り、周りや仕事への貢献度が下がってしまいます。もちろん物事を謙虚にとらえることも重要ですが、人間関係を円滑に進めるためには、必要以上の遠慮は相手に対して失礼に当たることもあります。依頼を受けたら笑顔で「ありがとう」と感謝を伝えて、今できる最大限の努力で仕事に向き合えばよいのです。不必要な遠慮によってチャンスを逃さないように、挑戦意欲をもって取り組めば、多少のハードルがあったとしても、やり切ってみせます、成果を出します、と胸を張って言える人と働きたいと思ってもらえるはずです。会社ではそんな人が評価され、自ずと成果にもつながっていきます。

第5章

課題発見力と課題解決力を磨き、理想のキャリアアップを実現する

自分の人生をデザインする

仕事をする人の使命は、世の中にある課題を解決することです。自分目線で見ると、課題を見つけて解決する力を高めることが使命であり、それは自分の社会人としての価値を高めていくことを意味しています。そもそもキャリアは過去と未来の2つに分けることができます。未来のキャリアは自分が思い描く理想を踏まえて自由につくっていくことができるので、自分がどうなりたいか、どんなふうに仕事をしていきたいかを考え、さまざまなスキルを身につけながら、自分で自分の人生をデザインすることができます。

人生は、過去、現在、未来の時間軸でつながってできているので、未来のキャリアを自分が望むとおりに変えるのであれば現在を変える必要があります。今を変えない限り未来は変わりませんし、今からどう行動するかによって未来はいかようにも変えられます。

その意思決定をするのは自分しかいません。個人の意思決定の最高機関は自分自身ですから、今の延長線上でいいと考えるなら今のままでいいし、理想に近づけるキャリアにしたいのであれば今から自分の考え方や取り組み方を変えていく必要があります。

社内で昇格して役職者を目指すこともキャリアですが、転職が珍しくない今の時代ではこの先40年にわたって同じ会社に勤めるとは限りません。他社でも通用する価値が何かを意識しながら、労働市場や世の中全体から重宝される能力を身につける必要があります。課題の発見と解決する力は、まさにその価値に当てはまります。

また、転職市場などではキャリアアップが収入アップの意味として使われますが、収入はキャリアの本質ではありません。自分の価値を高めた結果として社内外での評価が上がり、収入も上がるという順番で考えることが大事です。

この点でも視野を広げる必要があります。収入だけを見ていると、仕事が課題解決であるという本質を見失いやすくなります。収入が増えるのもうれしいことですが、人の役に立ったり、感謝されたりしたときのうれしさのほうが、日々の仕事のやりがいも大きいはずです。課題解決できる人になれば社内外から相談されたり頼られたりする機会が増え、それもうれしさにつながります。

自分が満足できるキャリアをつくるためには、そのような点に目を向けることが大事です。生活のために働く、お金のために仕事をするという考えを否定するつもりはありませんが、そう考えると、やらされている感が生まれます。苦痛に耐え、やりたくない仕事をする対価がお金である、そのために上を目指さなければいけないといった考え方になります。

それを定年までの40年にわたって続けるのは楽しくありません。上を目指す、収入を増やすといったことではなく、多くの人に感謝されたり、自分の成長を実感したりすることに主眼をおいたほうが前向きにキャリアを考えることができ、仕事が楽しくなるだろうと思います。

使えるキャリア、使えないキャリア

また自分の価値を確認する際は、これまで積み上げてきたキャリアを、使えるキャリアと使えないキャリアに選別することが大切です。転職する人は過去の経験や実績、何ができるかを問われます。

これらは過去のキャリアで培ってきたもので、転職先から来てほしいと言われる人は、世の中で重宝される汎用的なスキルをもっていますし、他者との差別化要因になるスキルももっています。

私が中途採用する場合も、その人がこれまでのキャリアで何をして、何を身につけてきたかを見ます。例えば、私は今後、写真販売のプラットフォームサービスの海外展開を見据え、その通過点として株式上場を考えています。そのため、過去に株式上場に向けた組織づくりをしていた経験があれば、ぜひ来てほしいと思います。会社のステージによっては求められないかもしれませんが、私にとっては大きな価値です。

これまで積み上げてきたキャリアについて考える際には、自分が身につけてきたキャリアがどんな人の役に立つのかを整理することが大事です。他社ではどうか、世の中全体ではどうかと視野を広げてみることで、自分で気づいていない希少な経験をしていることもありますし、逆に自分にとっては重要な経験でも、世の中ではあまり役に立たなかったり使い道が限定されていたりすると気づくこともあります。

会社にいると社内で求められる仕事や作業を日々行うため、それらが社外でどのような価値があるのかが分かりにくくなります。井の中の蛙になるのです。

自分が起業したときのことを想像してみると、自分のこれまでのキャリアや自分がもつスキルの価値も見えやすくなります。起業すると会社の看板は使えません。大手企業だから、会社同士の取引があるからといった理由で顧客から仕事を任されていた場合、起業するとその力はなくなります。後ろ盾のない状態で顧客の役に立ったり喜ばれたりすることができるかどうかを考えてみます。自分のもっているスキルによって周囲から感謝されるのであれば、それが世の中で通用する価値といえます。また、そのようなスキルをたくさんもっている人ほど社会人としての価値が高いともいえます。

その点を整理できると、これから身につけていくスキルについても、その価値を考えられるようになってきます。例えば、ある作業をうまくできるようになっても、数年後にはＡＩに置き換えられ、そのスキルを発揮できる場がなくなっている可能性もあります。

一方、顧客から課題を聞き出すコミュニケーションの力や、課題解決に導ける人を見つける人脈などはＡＩには代替できません。そのようなスキルを身につけることで自分の価値を高めていくことができます。

目的地が見えるからアクセルを踏める

未来のキャリアはこれからつくるものです。そこで大事なのが働き方、自分と仕事の関係、仕事を通じた自分と社会の関係などについての理想を明確にすることです。理想は、分かりやすくいえばカーナビで目的地を設定するようなものです。目的地が見えていない状態では、果たしてこの方向でよいのか、この道で合っているのだろうかといった不安が生まれるため本気でアクセルを踏めません。目的地があいまいだったり、見失ったりしてしまうと、キャリア形成の取り組みも右往左往し、正確さもスピードも低下するのです。ただ子どもには若さという最強の武器があるため、あらゆる夢を模索、検討し、別の道を検討する時間があります。時間という財産によって心の赴くままに挑戦でき、再挑戦できます。しかし社会人はそうはいきません。自分の理想を存分に考えているほどの時間的な余裕はなく、給料が発生している以上、業務に集中する必要があります。だからこそ早々に自分の理想を明確にすることが大事です。そうすることでアクセルを踏み込めるようになります。

自分が目指す場所を決め、できるだけ早く到達しようと取り組んでいる人は、目標にいち早くたどり着くため、結果が出て、世の中や会社からの評価も高くなります。理想を考えるためには、自分はどうなりたいのかを考え、明確にする必要があります。

理想を明確にするというと堅苦しく感じるかもしれませんが、突き詰めれば自分が仕事で何を実現したいかを考えればよいだけです。それくらいシンプルに考えれば、ほとんどの人がそういう理想をもっていると思います。その理想を実現するための道のりがキャリアです。何のために仕事をするのか、仕事を通じてどうなりたいのかと自問してみれば、自分がつくるキャリアも見えてくるのではないかと思うのです。

自分の理想が思い浮かばないのであれば、逆を考えてみるのも一つの手です。逆とは、どうなりたいかではなく、どうなりたくないかを考えてみるということです。

例えば、お金に振り回されたくない、世間に後ろ指をさされたくない、つまらない仕事をしたくないなどと思うかもしれません。それらを排除していけば、消去法で自分がどんな仕事を理想的と感じているかが見えやすくなります。また、自分の理想とは違う人生になったり、キャリアづくりで右往左往したりする可能性も抑えることができるのです。

キャリア形成には選択と集中が必要

理想に近づくキャリアを考える際には、時間について考えることも重要です。なぜなら理想に近づくために使える時間は刻々と減っているからです。

定年まで40年あると考えると、いつかやればよいと考えてしまいます。キャリアが描けていなくても、スキルを磨かなければいけないと分かっていても、つい後回しにしてしまいます。

しかし、当たり前の話ですが、残り40年あると思っていても、20年後には残り時間が20年になっています。20代でできることが40代ではできないかもしれませんし、残り時間が減ることによって自分が望むキャリアをつくれる可能性も低くなります。もっと細かく見れば、1日は万人に共通で24時間しかありません。この時間の使い方もキャリアづくりに影響します。

キャリアづくりの過程では、さまざまなことを経験しながら、自分に合うこと、やりたいことを見つけたいと考える人もいます。もちろん今を生きることは大切ですが、それは時間の制限という視点から見ると判断や選択を先送りにしているように見えますし、無計画にも見えます。

選択と集中という言葉があるように、キャリアをつくっていく過程ではどこかのタイミングでやること、やりたいことを1つ選び、そこに力を注ぐ必要があります。やりたいことが3つあると自分がもつ時間や労力も3分割されます。1つのことに全力で取り組んでいる人とは差がつきますし、選択と集中のタイミングが遅くなるほどその差は大きくなっていきます。

言い換えれば、計画性が高いほどキャリアづくりもうまくいき、理想にたどり着ける可能性も高くなるということです。夏休みの終わりになってから宿題に取り掛かるのも、定年まで40年あると考えるのも、選択のタイミングを後回しにするという点では同じことです。まだあると思って安心しているその瞬間も、残り時間は減っています。そのことに気づいている人は7月中に宿題を終わらせようと思いますし、今日からキャリアについて考えようという意識に変われると思うのです。

未来に向けて自分の理想を明確にする

大事なのは自分の理想を常に意識して、考え続けることです。本来であれば、入社する前に理想を明確にして、その理想を実現できそうな会社を選ぶのがベストです。ただ、入社して仕事をしていくなかで理想が変わることもあります。そしてまた会社自体が変わることも考えられるのです。

しかし未来といわれてもすぐには明確にはならず、将来に思い描いている像がない人も多いかと思います。だからといって落ち込む必要はありません。夢なんてなくてもよいのです。

そもそも、仕事の全体像がつかめていない段階で「将来、どんな事業に関わりたいか」「どこに目標をおいて働いているのか」と聞かれても答えられないのは当然のことです。夢がないことに焦ることなく、ただ愚直に素直に向き合うその過程で、いずれ目標や夢が出てくるはずです。無理に夢をひねり出して、その不確かさに苦しまずとも、まず目の前の仕事で成果を出していくことこそが若手のやるべきことだと思います。

とはいうものの、初めのうちは取り組んでいる仕事に対する理解が追いつかずに、自分には向いていない、と思ってしまうこともあるかと思います。しかし、まず目の前の仕事に集中することで次第に仕事の面白さや、目的が分かり、自分の能力の活かし方や足りない点も見えてきます。その段階になると、どうすれば成果を上げられるか、自分なりに工夫をしていく楽しみが生まれてくるはずです。

それまでは前のめりな姿勢で仕事に取り組み、努力を怠らず、自身の人間力を磨くことを徹底すれば必ず道は開けます。自分にしかできない仕事や最適な仕事を若手のうちから見つけるのは至難の業です。偶然に出合えるものではなく、長い時間が掛かったとしても、自身の手で生み出すものなのです。

漠然とした将来や、周りが嬉々として語る夢に流されることなく、今いる場所で結果を出し、「ありがとう」をもらえるように日々仕事に向き合うことが、結果的に自分にとっての充実感につながり、人生にとってなくてはならない仕事との出合いとなるはずです。

こうして理想が明確になれば、その理想にたどり着くための行動に落とし込めます。何のために仕事をするのかも理解でき、世の中や会社における自分の使命も自覚しやすくなります。

まずは今の仕事が誰の役に立っているのかをはっきりさせるところから始めてみるとよいと思います。自分がしていることと、それによって恩恵を受けている人を結びつけるのです。

日々働くことが誰かの人生をより良いものにしていると実感できると、仕事の成果も上がり、楽しさや満足感も高まっていくのです。

逆算で理想への道のりをスピードアップ

理想が明確になれば、そこを出発点として現状を分析することによって、自分に足りないものや、これから身につけなければならないスキルが見えやすくなるはずです。それがキャリアづくりの要素にもなります。足りないものを身につける方法を考えて、身につけていく計画を立てればよいわけです。

仕事の本質は誰かの課題を解決することですが、課題解決できる人を目指す自分のなかにも課題はあります。誰かの課題を解決していくうえで、今の自分に足りないスキルが見えてきます。例えば人脈が少なかったり、積極性や行動力が乏しかったりといったことが分かれば、それが自分の課題であると認識できます。それを解決しようと取り組んでいくことで、社会人としての自分の価値を自然と高めてくれます。

大事なのは、逆算思考で考えることです。未来を出発点としてキャリアを考えることで右往左往が減り理想にたどり着くまでのスピードが格段に速くなり、結果として最短距離で理想にたどり着くことができます。

逆算思考は経営も同じです。私の会社の場合、海外展開を目標としていますので、そのための道のりを逆算して考えると、株式上場によって会社とサービスの認知度を高めるという方法が見えてきます。

また直近の目標が定まることで、理想に近づくために何をしなければならないのかが具体的になり、行動に落とし込みやすくなります。株式上場についていえば、コンプライアンスを強化する、株式上場に携わった経験者を探すといったことが分かり、行動しやすくなるのです。

50年後の理想がぼんやりとしか描けなかったとしても、5年後や10年後のことなら明確に描けるはずです。逆算思考で考えることによってやることが細分化され、まずは5年後の目標、次に10年後の目標と順番に取り組んでいくことができます。目の前のことにだけ集中していると自分がどこに向かっているか分からなくなったり、気づけば理想と違う道を進んでしまっていたりすることがあります。

理想につながる道は1つではない

理想は最大級の目標であり、今の自分から最も遠いところにある目標でもあります。そのため、今の自分の実力との差があまりに大きく、どうすればたどり着けるのかが分からなくなることもあります。市民大会でしか勝ったことがない人がオリンピックを目指すようなもので、実力との差が大き過ぎると具体的な取り組みに落とし込むのが難しくなるのです。

この場合も、逆算思考で目標を細かくしていけば、理想にたどり着くまでの行動が見えやすくなります。まずは県大会で勝ち、次に地方大会で勝つ、全国大会で勝って日本代表になるといったように小さな目標を立てることで、直近の目標に集中して取り組めるようになります。県大会で勝つことで優秀なコーチに出会えたり、全国大会に出場することでライバルの選手と出会えたり、目標が上がっていくことによって新たな出会いがあり、そのステージに行かなければ出会えない人との人脈もつくることができます。

目標を1つずつ達成していく過程では、うまくいかなかったり、自分には合わないと感じたりすることもあります。その場合は、小さな目標を変えて、別の道で理想を目指せないか検討してみます。理想にたどり着くための道は1つとは限りません。県大会や地区大会を勝ち抜いて日本代表になる道があれば、海外で武者修行して代表を目指す道もあります。あるいは、理想そのものを考え直してみることもできます。理想を掲げることは大事ですが、それに固執する必要はなく、一度決めた理想を変えてはいけないわけでもありません。

自分の理想は自分で決めるものですから、変えることが悪いわけではありません。オリンピック出場ではなくプロの選手になる道もありますし、その理想に自分が納得できるのであればキャリアは臨機応変に変えられます。そもそも自分にとっての理想は自分が経験したことや周囲の人の影響などによって変わる可能性があります。理想が変わればキャリアも変わります。今の自分は何がしたいのか、どこを目指したいのかを自問しながら、変更や微調整をすることもキャリアづくりの大事なことだと思います。

会社と自分の理想は合致しているか

自分のキャリアをつくっていくためには、今の勤め先である会社でそのキャリアを実現できるのかどうかも確認する必要があります。人間関係に合う、合わないがあるように、会社と従業員の関係も合う、合わないがあります。会社はキャリア形成の舞台で、どこで成長するかによってキャリアをつくるスピードも変わります。その舞台の見極めは大事で、できるだけ速く成長でき、自分が望むキャリアをつくれる舞台を選ぶことが重要です。

そのための方法は2つあります。1つ目は会社の企業理念を確認すること、2つ目は会社の文化を確認することです。

企業理念は会社として目指す姿を示すもので、会社ごとに呼び方が違いますが、それらが自分の理想と合致していることが大事です。

例えば、私たちの会社は、企業理念、ミッション、ビジョン、バリュー、カルチャーの5つを掲げて、会社としてのあり方や目指す姿を示しています。

【企業理念】

ファンを作りファンを増やす

【ミッション】

写真販売での困りごとを解決し　ありがとうを創造する

【ビジョン】

写真販売の文化を変え　写真に関わる全ての人が　写真で幸せになれる世界を創る

【バリュー】
―自分自身― ①今ではなく未来を向こう
―自分と仲間― ②Tryに拍手
―自分と組織― ③最速で最善を考える

【カルチャー】
笑顔、ポジティブ、創意工夫、提案、挑戦、一体感、感謝

また、仕事の取り組み方を伝える19項目の「ミッションステートメント（MISSION STATEMENT）」、会社の組織づくりの方針である「TEAMハッピースマイルの創り方」、新たな課題解決に取り組むための「新規事業ガイドライン」を定めて、ビジョン実現に向けた具体的な取り組み方を示しています。

これらに目を通せば、自分の理想を私たちの会社で実現できるかどうかが判断できるだろうと思います。例えば、トップメッセージの「ありがとう」の創造は、利他的な視点をもって課題を解決し、感謝される存在になるという思いを表しています。入社を検討して

いる人が世の中の役に立ちたいと思っている人であれば、私たちの会社に興味をもってくれるはずです。

また、採用活動でもビジョンなどに共感できるかどうかを重視します。会社として目指している姿に共感できなかったり会社の価値観と自分の価値観がズレていたりするとお互いにとって不幸です。

個々の価値観は簡単には変わりません。会社が「ありがとう」の創造をミッションに掲げていても、利己的な人は自分中心で仕事をしたいと考えます。そうなると会社はその人を評価できませんし、その人はストレスを抱えます。

そのようなミスマッチを防ぐために、ビジョンが共有できるかどうかが大事ですし、私たちの場合はそこに重点をおいて、新卒採用を5次選考まで行い、同じ価値観をもち、同じ理想に向かって一緒に仕事ができる人を絞り込んでいます。

入社後に関しても、会社の今後の方向性として株式上場、海外展開を見据えていることを伝えています。会社の方向性が明確になると、従業員はそのなかで何ができ、何をしたいか考えるようになります。英語を話せる人は、今後の海外展開するためのチームに入れるようにスキルを磨こうと努力します。方向性を伝えることで従業員と未来の話ができるようになり、会社の発展と従業員それぞれの成長を実感しながら、ワクワク感をもって仕事ができるようになるのです。

なんか変はずっと変

今の会社で自分の理想にたどり着けるか、そのためのキャリアをつくれるかどうかを見る2つ目の方法は企業文化を見ることです。

そもそも企業理念と自分の理想が合致していても、実際にその会社が理念のとおりに活動しているとは限りません。企業理念はあくまでも会社としてありたい姿を示すもので、実態とは掛け離れている場合もあります。形だけの企業理念で、従業員には浸透していない会社もあります。仮に、顧客第一、世の中のためといった利他的な企業理念を掲げていても、従業員が自分のことだけ考えて仕事をしたりしていれば、理念と実態にズレが生じます。

企業文化は仕事をしていくうえでの価値観、仕事への取り組み方、熱意などの組み合わせによって出来上がるので、事業内容が同じ会社でも、地域に根づいて事業を行っている会社と全国展開を目指している会社では従業員の意識や見ている視点が異なります。どちらが良い、悪いということではなく、その文化が自分に合うかどうかが大切です。

合うかどうかを考えてみるためには、その会社に長く勤めるイメージが湧くかどうかを考えてみるとよいと思います。楽しく働けるか、自分の成長を実感しながら仕事に取り組めるかどうかを想像してみることです。

私たちの会社も、就職活動中の学生を対象とする会社の説明会では働いているイメージが湧くかどうかを聞いています。会社をすみずみまで見学してもらい、従業員とも話してもらったうえで、この環境のなかで仕事をしている自分をイメージしてもらいます。

イメージが湧かないのであれば、おそらく文化と自分が合っていません。そのような会社に入っても理想にはたどり着けないのです。自分が理想的だと思うサービスのイメージと会社が提供している実際のサービスにズレがあると感じるのが事業のズレです。経営者の方針や同僚の考え方が自分の考え方とズレていると感じるのが文化のズレです。合言葉は「なんか変はずっと変」です。

ちょっとした違和感やズレを抱いた場合は、会社を変えようとするよりも、自分に合う会社を探し直したほうがおそらく早いと思います。なんか変と感じる感覚はずっと続きます。そのストレスを感じながら仕事をするよりも、自分に合う会社を見つけるほうが理想に近づくキャリアをつくっていくスピードも速くなると思います。

業種ではなく文化で選ぶ

理想に近づけるキャリアを実現できる会社を探すのであれば、業種や職種よりも文化で選ぶのがよいと思います。売上規模や従業員数なども大事ですが、それよりも文化を重視するほうがキャリアを形成しやすくなります。つまり事業のズレよりも文化のズレを見るほうが大事だということです。

文化は会社の評価基準にも反映されます。会社のあらゆる制度は経営者の思考を形にしたものなので、経営者が売上第一と思っていれば、仮に企業理念として顧客第一と掲げていたとしても、売上を上げた人が評価されます。顧客の課題を解決して感謝されても、その仕事が売上に貢献しなければ評価されません。

その違和感はストレスになり、会社に対する信頼や忠誠心が薄れます。退職する人のほとんどは文化とのズレが原因でこの会社にはいたくない、いられないと思うから辞めるのです。

あるいは、売上重視の評価をされ続けることで、そのうちに自分も顧客の課題より会社の売上を優先して考えるようになります。課題の発見と解決で自分の価値を高めていくことが難しくなり、そのためのキャリアづくりも難しくなるのです。

課題解決ができる人を目指すのであれば、業種や職種にこだわる必要はありません。私たちはＩＴサービスの事業で顧客の課題解決に取り組んでいますが、仕事の本質が課題解決であることを踏まえれば、ほかの業種でも課題解決を通じて顧客に喜んでもらうことができます。仕事を選ぶうえで、業界や業種から絞ることも重要ですがもう少し利他的な視点で考えれば、どんな仕事でも顧客の役に立つことはできます。つまり業種や職種よりも勤め先の会社が顧客の役に立とうとしているかが大事で、その姿勢を文化から判断することが重要なのです。

環境に適応する力

誰もがさまざまな集団に属して生きています。特に会社というものは企業理念やビジョンを具現化するため、そして利益を上げるための集団です。会社という集団のなかに、さらにそれぞれの部署という集団があり、そのなかでのコミュニケーションが必要となります。

集団に所属することにより、取引先や上司など人との交流や、先輩、同僚との人間関係も生まれてきます。このように集団への帰属意識を感じることで、仕事の円滑化という表面的なことだけでなく、人生に意義を見いだしやすくなるのです。とはいえ、個々の性格から、コミュニケーションが得意な人、苦手な人という違いが出てくるのは当然です。

ただ大切なのはそれぞれの性格を活かして集団に貢献することです。社交的な人は場を盛り上げたり空気を和ませたりして職場のムードメーカーとして貢献できます。人付き合いが苦手な人は、黙々と仲間のバックアップをすることで業務の推進に貢献できます。

それぞれの個性を活かして臨機応変に行動することで会社という集団に貢献していけば、会社にとっても自分にとっても有意義な結果をもたらすことになるのです。

そのために私が重要だと思うのは、適応する力です。人は自分が楽しいと感じている環境でないと本来の力を発揮することはできません。上司に質問しにくかったり、意見を言いづらかったりする職場では無意識のうちに萎縮してしまい、自分らしさを失ってしまいます。だからこそどんな環境においても、自発性を失わずその場に臨機応変に対応する適応力を鍛えていく必要があります。

楽を求めると流される

自分の価値観と合わない、なんか変だなと感じる会社にいると、やがて周りに影響を受けて、自分の理想を見失ったり、理想に近づけない仕事や働き方をしたりすることになりかねません。自分の考えのないまま周りに流されて過ごす1年と、自分の理想に近づくためにスキルを磨いて過ごす1年はその内容がまったく異なります。

歳を取ってからこんなことがしたかったと愚痴をこぼしてしまうのも、周りに流され自分の理想にたどり着けなかった結果です。それを後悔したり、会社の価値観を押し付けられたと他人のせいにしたりする人に共通しているのは、自分の人生を自分でデザインする意識がないことです。未来は今の延長に存在しています。理想を明確にし、ゴールから逆算して考えるだけで未来は大きく変わります。

言い換えれば、周りに流されやすい人は、自分の理想を重視していないということです。そこにこだわりがないため流されやすくなります。

自分を貫くことは大変で、頭や時間を使うだけでなく勇気もいりますし、なかなか理想に近づけないもどかしさにも耐えなければなりません。そのような苦労をするよりも周りに流されたほうが楽です。無意識のうちに理想やキャリアについて考えることを面倒だと思っているため、楽な道を選びやすくなり、誰かに決めてもらいたいと思うようになります。

例えば、食事に行ってメニューを決めるときには、周りに流されてもよいと思います。カレーを注文してもラーメンを注文しても自分のキャリアには影響しません。人生のあらゆる選択のなかで小さいことですし、お腹が満たせればよいと思っている人にとっては、誰かに決めてもらいたいと思うかもしれません。

しかし、仕事は選択の重みが違います。課題解決で自分の価値を高めたいと思っている人が他者の意見に流されたとしたら、それはこれから何十年にもわたる仕事をする意義を捨てることに通じます。１日の半分が仕事の時間だとすると、人生の半分を誰かに託し、言いなりになって過ごすことになります。

だからこそ理想には徹底的にこだわらなければなりません。理想に近づくためのキャリアをつくって、自分の人生を「自分で決める」こと、そして「コントロールする」ことが大事なのです。

選ばれる人には理由がある

またキャリアをつくっていく過程では、選ばれる人になることが大事です。顧客は課題を解決してくれる人を選びます。会社も課題解決によって顧客に感謝され、信頼と売上を生み出してくれる人を採用したいと思います。

どちらにも共通しているのは選ばれているという点です。スキルを磨くにしても人脈を広げるにしても、もっと細かく見れば日々の仕事の一つひとつと向き合っていく際に、何をすれば選ばれ、どうすれば選ばれる人になれるかを考えることが重要です。選ばれる人には必ず選ばれるだけの理由があります。それは自分の強みともいえますしほかの人に対する競争優位性ともいえます。どこが評価されたのかを把握することが大事ですし、その要素を伸ばしていくことが選ばれる人として成長していくポイントの一つといえます。

それに、競争優位性があるなら、それを発揮しなければなりません。誰かから声が掛かるのを待っているだけでは選ばれません。選ばれる人になるためには、選ばれるための努力が求められるのです。

ちなみに経営の視点から見ても同様で、会社もまた選ばれる会社にならなければなりません。例えば、街中には飲食店がいくつもあります。そのうちの一つを選んで食事をする人は、たまたまその店に入ったのではなく、自分の意思をもって選んでいます。顧客がこの店で食べたいと思うから経営が成り立つのであり、店側はサービスの質を上げ続け、顧客の課題を解決する力があるため顧客に選ばれる存在になれるのです。

また、会社は採用する人を選びますが、仕事をしたいと思っている人に選ばれる存在でもあります。そのため会社を成長させ、働きやすい環境にするなどして、この会社で働きたいと思ってもらうことが大事ですし、働きたい会社の一つに選ばれ、優秀な人が入社することによって会社はさらに成長します。

企業理念を掲げて実行するのも選ばれるための努力です。どういう会社かを周知することで働き手に興味をもってもらえますし、会社が求めている優秀な人に選ばれ、両思いになれます。

本気な人は先行投資する

選ばれる人は勉強することや人脈を広げるなど、常に事前準備をしています。準備としてできることはたくさんありますが、飲食店の場合であれば、店の場所や特徴を周知することも準備ですし、来店した人がおいしく食べて楽しい時間を過ごせるように料理やサービスの質を高めることも準備です。しかし店の存在が知られていなければ選ばれようがありませんし、味やサービスが悪ければ二度と選ばれなくなります。

仕事において顧客から声が掛かるのは、あの人は勉強熱心で、この分野に詳しいから任せられると思ってもらったときです。社内で役職者に指名するにしても、そのための準備ができている人が選ばれます。役職者はランダムに選ばれるわけでも年齢で選ばれるわけでもありません。役職者に指名される前に役職者として必要な素養を身につけていると認められるから指名されます。そのための準備に自主的に取り組み、自分を成長させることが大事なのです。

成長のための準備は自分への先行投資ともいえます。私がカメラマンの派遣をしていた頃の経験談ですが、カメラマンはフリーランスの人が多く、経験や実績がさまざまです。カメラマンとしての収入も人それぞれで、機材を多くもっている人もいれば、必要最低限の機材しかもっていない人もいます。

機材が少ない人に頼める仕事は限られます。例えば、室内で行う発表会などは照明を落とした状態で撮影することが多く、技術だけでなく、機材によってはブレやすくなります。運動会は遠くから撮影することがあるため被写体の表情まできれいに撮るには高性能の望遠レンズや、撮影場所によっては車も必要です。

カメラマンを派遣する立場として多くの人に喜んでもらえる写真を提供する責任があります。喜んでもらうためには腕も大事ですが、その腕を表現するための機材も必要です。つまり責任を果たせるかどうか考えたとき、機材をもっていないカメラマンには依頼しづらくなるのです。

その経験を踏まえて、私は先行投資には本気度が表れると感じました。駆け出しのカメラマンでも本気で仕事を広げていこうと考えている人は機材をそろえます。選ばれるための準備をしているわけです。

一方、稼いでから機材を買うという考えの人がいます。しかし、機材がなければ依頼も増えず、稼ぐスピードが遅くなり、そこで先行投資できるカメラマンとの差が開きます。依頼する側から見ても、先行投資するカメラマンのほうが本気で仕事をしてくれると感じます。

この差はカメラマン以外の仕事でも共通しています。勉強したり、そのためにお金や時間を使ったりする先行投資ができる人が選ばれますし、周りと差をつけて成長していくと思うのです。

先行投資という準備だけでなく、もう一つ大切なのは変化を恐れないということです。大きな変化を起こそうとするとき、成功や失敗に対する不安がよぎるだけではなく、環境の変化による強いストレスが自分に掛かります。また一から積み上げなくてはいけないという不安を抱えながらも、選ばれる人は例外なく常に自分をアップデートし続けています。日々の積み重ねを怠らず、経験値を増やしていく過程で、その時々のステージに合った目標や計画を変えていくことは不可欠なのです。つまり変化を恐れず、受け入れることが必要です。まったく新しい自分になるのではなく、それまでの経験を基に、変化し続ける勇気が成功への一歩となるのです。

また大きな変化には、ある程度の代償がつきものです。これまで割いてきた友人との時間や趣味に費やすことができたお金を、目標や夢のために使わなければならないこともあると思います。それを犠牲にする強い覚悟をもつことが大切です。

今の取り組みが10年後を変える

また選ばれるための準備は、周囲の人が休んでいる間に何をやるのかが重要です。1週間は7日、1日は24時間という時間の条件は全員同じです。仕事ができる人はこの時間を仕事やキャリアのために使っています。その努力が1年、5年という積み重ねによってスキルアップにつながり、周りと差をつけます。

例えば、土日が休みなら、そのうちの半日で自分が興味のある業界について勉強してみます。平日なら仕事を終えて家に帰ってからの1時間で、顧客の課題やその課題を解決する新しいサービスについて考えたり、営業のマニュアルを覚えたり見直すのもよいと思います。

そのような努力によって課題解決の力が磨かれます。できる人は生まれつき能力が高いわけではなく、できる人になるために時間の使い方を工夫しているのです。つまりポイントは「やらされていない」ということです。

イソップ物語の「アリとキリギリス」を考えると、キリギリスのように今を楽しむのも人生ですし、アリのようにコツコツと努力するのも人生です。

どちらを選んでもよいのですが、キャリアの視点から見ると、10年後のアリは選ばれる人になり、キリギリスは選ばれない人になっているはずです。キリギリスがその差を認識しても、そのときにはすでに追いつけないくらいの差がついているのです。

周りが休んでいるときに努力をすると、それが自信にもなります。勉強は筋トレと同じで、やればやっただけ成果が出ますので、週末の半日でも、1日1時間でも、長く続ければ知識が増えたと実感できるようになってきます。

顧客の課題解決について考えるとしたら、たくさん考えるほど解決策が見える可能性が高くなります。自分はこれだけ考えている、誰よりも顧客について勉強していると考え出した解決策を自信をもって提案できるようになります。

また、顧客の課題解決について毎日1時間考えると決め、それを着々と実行していくと、自己肯定感と自己効力感も高くなります。この2つは自分との約束を守ることによって高まります。自己肯定感と自己効力感が高まることによってさらに前向きに仕事に取り組めるようになります。

もう一つ大事なのは、小さなことの積み重ねが未来を変えるということです。土日両方使って勉強したり、平日の夜中まで勉強したりするのは大変ですし、無謀な計画は続きません。しかし、週末の半日や平日の1時間くらいならそれほど大変ではないはずです。その小さな努力をするかどうか決めるのは自分ですし、決めたことを実行するのも自分です。今を変えない限り未来は変わりません。昨日までと同じことを繰り返しているだけでは、今日いる場所も40年後にいる場所も、今の延長線上にすぎません。本当に理想にたどり着きたいと思っているのであれば、今日から変えていく必要があります。

そして、それが続くといつか習慣化していきます。最初は勉強することが面倒に感じますが、そのうちに週末の半日と平日の1時間で仕事について考えることが当たり前になり、考えないと気持ち悪くなります。

習慣化する頃には発言する言葉の質が変わり、周りからできる人と評価される機会も増えています。選ばれる機会も増えて、仕事も努力することもさらに楽しくなります。楽しいことは自然と続きますし、やりたいと思います。仕事について考えよう、顧客の課題解決策を練ろうなどと考えなくても、自然と考えるようになります。つまり意識しなくても課題に目が向き、解決策を考えるビジネスマインドになるのです。

時間の使い方を見直す

近年は働き方改革によってワーク・ライフ・バランスが重視されるようになりました。これは健康的に働き続けるために重要なことで、どれだけ知識や経験を増やしても、過剰な働き方で体を壊したら誰の役にも立てません。健康や体調の管理は自己管理の基本です。常に100パーセントの状態で仕事に取り組むためにもオンとオフのバランスを保つことが重要です。

たった一度しかない人生を
たった一人しかない自分を
本当に輝かし出さなかったら
人間生まれてきた甲斐が無いじゃないか

これは中学3年生のとき、受験に向けてクラス一丸となって自分たちを鼓舞するためにつくった標語です。大人になった今でも、人生の分岐点に立ったときに一つの指標となり、心に刻まれている言葉です。

またもう一つ、中学時代の担任の先生からもらった言葉も印象に残っています。

受験勉強に費やす時間は、今後皆さんが生きていく長い人生で考えると、本当にわずかな時間です。しかし、誰もがみんな1日24時間という時間を生きています。この時間を将来のために意味のある1時間にするかどうかは、一人ひとりの努力です。皆さん、受験に向けて精一杯頑張ってください。

これは私にとって時間に対する考え方が変わった瞬間でもありました。ビジネスに置き換えると、仕事にも慣れてこれまでの半分以下の時間でできるようになったとき、そこで休むか、その時間を使って新たな仕事に取り組むかは、自分次第です。業務効率を追求することはもちろん重要ですが、効率化ばかりではなく長期的な視点をもって自分自身の成長のために時間を使うのが最善だと思います。

自分の選択が自分の未来を決める

時間の使い方を変えることも含め、理想を明確にすることも、今の会社に勤め続けるかどうか考えることも、あらゆる選択は自分が行うものです。無意識に選択していることや、選択を意識せずにルーティンとして行っていることもあるかもしれませんが、すべての判断が自分のなかで生まれ、その判断の結果と反応が自分に返ってきます。

キャリア形成では、これが致命傷になる可能性があります。周りに流されたり他人任せにしたりすることで、自分が望むキャリアがつくれなくなります。その先にある未来も満足できないものになります。船頭がいない船のように、想像していなかった場所にたどり着くかもしれませんし、どこにもたどり着かないまま漂流したり、座礁したりするかもしれません。

その状態になって不満を感じたときに、周りや会社の方針など誰かのせいにしても自分のキャリアは良くなりませんし、過去の選択を取り消すこともできません。

そのような未来を避けるためには、キャリアに関わる一つひとつの選択を自分の理想と照らし合わせながら主体的に、納得感をもって自分で選択できるようになることが重要です。会社や周囲の人が自分を幸せにしてくれるわけではなく、自助努力によって自分が満足できるキャリアを実現します。それが自分の人生をデザインするということです。

キャリアは自分の好きなようにつくれます。自分が主人公の自分だけの生き方ですから、キャリアを会社任せにせず、誰かに委ねないと決めるとともに、意思決定の最高機関が自分自身であると考え、すべての選択を自分の責任で決めていくことが大事です。

それを若手のうちからできるようになれば、仕事の進め方も、仕事をしていくための準備も自分でコントロールでき、理想に近づくキャリアをつくれる可能性も高くなります。主体的に選択を積み重ねていけば、10年後にはきっと自分が満足できるキャリアを歩めているはずです。できないと決めているのは結局「自分」なのです。

おわりに

私は20代で自衛隊を辞めて起業しました。大きな決断だったとは思いますが、挑戦してよかったと思っています。

起業したことによって多くの人から「ありがとう」をもらえるようになりました。さらに次の目標として海外展開を実現し、より多くの人から「ありがとう」をもらう意欲も大きくなりました。また、課題解決で人の役に立つ使命を認識し、仕事に注ぐ情熱が溢れ、その情熱に共感する多くの仲間と出会うこともできました。

これらは挑戦した人にしか見えない景色であり、すべては挑戦から始まっています。自分の理想に向かって仕事をしていく過程では、うまくいかないこともあるはずです。私自身の経験を振り返っても、うまくいかないことの連続でしたが、充実した日々を過ごしています。

うまくいかなかったとしても、私はそれを失敗だとは思いません。私が考える失敗の定義とは挑戦しないことで、うまくいかなかったときには、うまくいかない方法を発見したのだと考えます。そこで立ち止まらずに再挑戦を積み重ねていけば、その過程で経験が増えます。知見が貯まって、必ずうまくいくポイントが見えてくるはずです。

「うまくいかなければ失敗だ、失敗は恥ずかしいことだ」と思っている人もいるかもしれません。効率的であることやスマートであることが重視される時代に生きていると、恥をかきたくないという気持ちが強くなるのかもしれません。

その気持ちは分からなくもありませんが、失敗の有無に関して、人生は2通りだと思っています。1つは、成功も失敗もない人生、もう1つは成功と失敗がある人生です。

失敗を避けるということは成功もできないということです。その人生でよいなら失敗を避けるのが得策だと思います。一方、成功したいと思うなら、その過程でうまくいかないことが連続することを受け入れ、乗り越えていく覚悟が必要です。実際、成功している人は何度も再挑戦を積み重ねてきた人たちです。

失敗の数ではなく、挑戦の数を数えましょう。ビジネスマインドを磨き、たくさんの課題を解決して、社会からも会社からもできる人と評価される未来を切り拓いてください。

【プロフィール】

佐藤堅一（さとう　けんいち）

株式会社ハッピースマイル代表取締役社長兼CEO
陸上自衛隊に8年間在籍。三等陸曹まで昇進したのち、カメラマンに転職。2009年に日本で初めての写真代行販売サービス「フォトパーク」を発案しサービス開始。2014年には、写真販売のプラットフォームサービス「みんなのおもいで.com」をリリースし、2023年7月現在、累計利用者数350万人、累計会員登録数60万人、全国6500以上の団体に登録されている。

本書についての
ご意見・ご感想はコチラ

「仕事ができる人」に変わる
差がつくビジネスマインド

2023年8月30日　第1刷発行

著　者　　佐藤堅一
発行人　　久保田貴幸

発行元　　株式会社 幻冬舎メディアコンサルティング
〒151-0051　東京都渋谷区千駄ヶ谷4-9-7
電話　03-5411-6440（編集）

発売元　　株式会社 幻冬舎
〒151-0051　東京都渋谷区千駄ヶ谷4-9-7
電話　03-5411-6222（営業）

印刷・製本　中央精版印刷株式会社
装　丁　　弓田和則

検印廃止
©KENICHI SATO, GENTOSHA MEDIA CONSULTING 2023
Printed in Japan
ISBN 978-4-344-94705-4 C0036
幻冬舎メディアコンサルティングＨＰ
https://www.gentosha-mc.com/

※落丁本、乱丁本は購入書店を明記のうえ、小社宛にお送りください。
送料小社負担にてお取替えいたします。
※本書の一部あるいは全部を、著作者の承諾を得ずに無断で複写・複製することは禁じられています。
定価はカバーに表示してあります。